Landesdenkmalamt Baden-Württemberg
Stadt Mengen

Beate Schmid

„Nein, kein Haus ist aus Stein ..."

Stadtarchäologie in Mengen-„Tal Josaphat"

Stuttgart 2001

*Archäologische Informationen aus Baden-Württemberg. Heft 43
Herausgegeben vom Landesdenkmalamt Baden-Württemberg.*

*Bezug durch die Gesellschaft für Vor- und Frühgeschichte
in Württemberg und Hohenzollern
Silberburgstraße 193
70178 Stuttgart*

*© Landesdenkmalamt Baden-Württemberg
Alle Rechte vorbehalten
Gesamtherstellung: Verlagsbüro Wais & Partner, Stuttgart
ISBN 3-927714-58-5
Stuttgart 2001*

Vorwort

Die „archäologische Stadtgeschichte" reicht vielfach über die ältesten urkundlichen Überlieferungen einer Stadt zurück und birgt häufig entscheidende Informationen über die Entstehung und Entwicklung einer Stadt, ihre Sozial- und Wirtschaftsgeschichte.
Die im Boden erhaltene archäologische Substanz ist vielfältigen Eingriffen ausgesetzt, die sie schmälern und zerstören. Angesichts erheblicher Verluste ist der Schutz dieser „unterirdischen Archivs" von herausragender Bedeutung. Ausgrabungen, wie sie in vielen Städten in den letzten Jahrzehnten durchgeführt werden mußten, sind nur die zweitbeste Lösung, denn auch sie zerstören den archäologischen Bestand.
Mitte der 80er Jahre wurde dem Landesdenkmalamt bekannt, daß die Stadt Mengen im Rahmen der Altstadtsanierung eine Tiefgarage im „Tal Josaphat" plane. Der Stadtbereich „Tal Josaphat" liegt in unmittelbarer Nähe der vermutlichen (Ur)-Kirche St. Martin und bildet seit dem Stadtbrand im Jahre 1819 ein großflächiges, modern fast nicht bebautes „Innenhofareal". Es stand zu erwarten, daß im Umfeld der Martinskirche mit vorstädtischen und frühmittelalterlichen Siedlungsstrukturen und Befunden zur frühen Stadtentwicklung zu rechnen ist. Bei einer Sondierungsgrabung 1987 konnte die stadtgeschichtliche Bedeutung der archäologischen Strukturen im „Tal Josaphat" nachgewiesen worden, der Bau der geplanten Tiefgarage ließ sich dennoch nicht verhindern. Deshalb wurden von Mai 1988 bis November 1989 großflächige Untersuchungen des Geländes durch das Landesdenkmalamt Baden-Württemberg unter der Leitung von Frau Dr. Beate Schmid mit zehn bis fünfzehn Grabungshelfern durchgeführt. Die Voruntersuchungen von 1987 und die Rettungsgrabungen von 1988/89 wurden auf jede Weise durch die Stadt Mengen gefördert, welche durch ihre große finanzielle Beteiligung an den Grabungskosten die archäologischen Untersuchungen überhaupt erst möglich gemacht hat.
Von der Stadtverwaltung Mengen ging Ende der 90er Jahre auch die Initiative zu der wissenschaftlichen Bearbeitung der Ausgrabungen im „Tal Josaphat" aus, die wieder Frau Schmid, Mainz, anvertraut wurde. Die Bearbeitung konnte in der Zwischenzeit fristgerecht abgeschlossen werden und wird im kommenden Jahr vom Landesdenkmalamt veröffentlicht werden. Aus dieser Aufarbeitung von Frau Schmid ist auch das vorliegende Heft der „Archäologischen Informationen" erwachsen, das rechtzeitig zum Mengener Heimattag 2001 aus Anlaß des 725jährigen Stadtrechtsjubiläums Anfang Juli erscheinen kann. Dieses Heft, dessen

Druck weitgehend von der Stadt Mengen ermöglicht wurde, wird gemeinsam vom Landesdenkmalamt und der Stadt Mengen herausgegeben.

Es ist mir an dieser Stelle ein besonderes Bedürfnis, allen denen zu danken, die die Ausgrabungen im „Tal Josaphat" unterstützt und die derzeitige Auswertung der Grabungen ermöglicht haben: An erster Stelle dem Gemeinderat der Stadt Mengen, der einstimmig für die wissenschaftliche Aufarbeitung der zehn Jahre zurückliegenden Ausgrabungen durch einen Werkvertrag mit Frau Schmid gestimmt hat, sowie Herrn Bürgermeister Christian Lange und Herrn Stadtbaumeister Julius Mihm.

Zu danken haben wir hier auch der Ausgräberin und Autorin, Frau Dr. Beate Schmid, für ihre schnelle und rechtzeitige Bearbeitung der Ausgrabung sowie Frau Dagmar Tonn M.A., Karlsruhe, welche die Pläne und die Fundzeichnungen verfertigt hat.

Stuttgart, im Juni 2001   *Dieter Planck*

Zum Geleit

Sehr geehrte Bürgerinnen und Bürger,
verehrte Gäste der Stadt Mengen,

die Heimattage 2001 sind ein besonderer Anlaß für die Stadt Mengen, ihr 725jähriges Stadtrechtsjubiläum zu feiern. Wir gedenken damit dem durch das Haus Habsburg verbrieften Beginn unserer städtischen Tradition. Selbst der flüchtigste Betrachter erinnert sich an die Altstadt Mengens – „Mengen? Das ist doch die Kleinstadt mit den vielen hübschen Fachwerkhäusern – da bin ich, glaube ich, einmal durchgefahren", kann man anderswo oft hören. Womit zweierlei bemerkt wäre: erstens, daß die Altstadt als Originalquelle des Mittelalters wahrgenommen wird, und zweitens, daß diese Altstadt als bauliche Fassung einer vorhandenen Fernstraße eingerichtet wurde.
Aber erst König Rudolf der II. von Habsburg unterzeichnete am 16. Februar 1276 die Urkunde, mit der er Mengen zur Stadt nach Freiburger Recht erhob. Zu diesem Zeitpunkt aber ist die Stadt schon „neu gebaut", wie es in einer Tauschurkunde kurze Zeit später am 15. Dezember 1276 heißt: Rudolf „gründete" mit dieser Beurkundung also nicht die Stadt Mengen, sondern bestätigte nur längst vorhandene Rechte eines auch baulich schon entwickelten Gemeinwesens. Nur wenige Baudenkmäler zeugen heute noch von dieser Zeit: die Reste der historischen Stadtmauer gehören neben dem Stadtgrundriß zu den wenigen erhaltenen Elementen der ursprünglichen Stadtanlage aus dem 13. Jahrhundert, die auch Rudolf schon so vorgefunden haben muß. Bevor die Habsburger die Stadt bis spätestens zum Jahre 1274 in Besitz nahmen, war Mengen als Reichsgut eine freie Stadt, als „Frei-Mengen" bezeichnet sie eine Urkunde des Jahres 1257.
Die Heimattage geben diesem historischen Bewußtseins alle vier Jahre einen festlichen Rahmen. Vielfältige Nutzungen und städtische Funktionen gaben der Kleinstadt Mengen von jeher Urbanität. Man ist sich darüber einig, daß die Charakteristik der Altstadt noch weiter verbessert werden muß, weil sie das erinnerbare Bild Mengens repräsentiert. Die Altstadt mit ihren 61 Baudenkmalen ist die Gestalt, an der die Stadt wiedererkannt und von anderen Städten unterschieden werden kann.
Das vorliegende archäologische Essay von Frau Dr. Beate Schmid, das die wissenschaftlichen Ergebnisse der groß angelegten Stadtgrabung „Tal Josaphat" anschaulich darstellt, ermöglicht dem historisch Interessierten, aus der Gegenwart quasi Schritt für Schritt bis ins 13. Jahrhundert, dem

Gründungsjahrhundert der Stadt Mengen, zurückzureisen. Es zeigt, wie wichtig die Archäologie als Erkenntnisquelle der historischen Stadtbauforschung ist. Ich freue mich sehr, daß diese Schrift anläßlich des Heimatfestes 2001 erscheinen kann.

Mengen, im Juni 2001   *Christian Lange, Bürgermeister*

Inhalt

Vorbemerkungen 9

Historischer Überblick 12

Das Grabungsareal im „Tal Josaphat" 15

Vorgeschichtliche und römische Siedlungsspuren 17

Frühmittelalterliche Siedlungsreste 19

Die hochmittelalterliche Besiedlung 22

Die spätmittelalterliche Bebauung 28
    Mengen wird Stadt 28
    Von „Frei-Mengen" zur Verpfändung 32
    Konsolidierung und Ausbau am Ende des Mittelalters .. 41

Die neuzeitliche Bebauung 45
    Die Siedlungsentwicklung bis zum Ende
    des Dreißigjährigen Krieges 45
    Der Niedergang eines Stadtquartiers 50

Von der Neustrukturierung nach dem Stadtbrand 1819
bis zur archäologischen Ausgrabung 1988 56

Literaturhinweise 58

Abbildungsnachweis 60

Vorbemerkungen

„Eine alte Stadt liegt versteckt im Lande der Schwaben,
Ganz am Rand, der des Volks ‚Menge' den Namen verlieh:
‚Mengen' nennen die Schwaben sie drum in deutscher Bezeichnung;
Ablach und Donaustrom fließen am Städtchen vorbei.
(...)
Eine Mauer umschirmet die Stadt, doch fast stürzt sie zusammen,
Und ein Bretterverhau schließet notdürftig das Tor.
Magst auch noch so genau die Häuser alle du mustern,
Keines findest du doch, das nicht aus Holz nur gebaut;
Nein, kein Haus ist aus Stein, aus modrigem Holz sind sie alle,
Wie so ein Zimmerer schlicht sie eben bauen gekonnt.
Eines nur zeigt vor den andern am Vorderteil steinerne Mauern,
Gilt drum auch für das Werk einer gewaltigen Kunst.
(...)
Was sonst noch da ist an Häusern, mit eingesunkenem Dachfirst,
Kann kaum noch stehn, und es droht Einsturz, wenn man sie nicht stützt.
Staunend stand ich zuerst, als die finstern Kammern ich ansah,
Dringt doch am hellichten Tag dort kaum ein Lichtstrahl hinein.
Überall siehst du die Türen und Wände pechschwarz verräuchert,
Und ein beißender Qualm ziehet durchs ärmliche Haus.
Öfters im finstern Gemach an den Bettladen hierhin und dorthin
Bauen ganz ungeniert zwitschernde Schwalben ihr Nest.
Vor den Häusern da türmt sich der Schmutz und Mist bis zum Himmel,
Und kein Fenster erhält so das gebührende Licht."

Das lateinische Spottgedicht, aus dem diese Verse stammen, soll angeblich von einem Studenten verfaßt worden sein, der mit der Universität Freiburg 1564/65 vor der Pest nach Mengen geflohen war. Als tatsächlicher Autor gilt Pfarrer zum Tobel, ein ehemaliger Jesuit, der im späten 18. Jahrhundert in Mengen wirkte (und stritt). Die deutsche Übertragung des Gedichts verfaßte Karl Massa 1953.
Die Stadt Mengen wird hier in dunkelsten Farben geschildert: die polemischen Absichten des Verfassers sind unverkennbar, und man wird heute kaum geneigt sein, ihm uneingeschränkt Glauben zu schenken. Sind seine Ausführungen nun aber gänzlich erfunden, oder ist ein Körnchen Wahrheit darin enthalten?
Nach ersten Sondagen 1987 fand im Stadtkern von Mengen von Mai 1988 bis Oktober 1989 eine großflächige archäologische Untersuchung statt. Anlaß für die Ausgrabung im sogenannten „Tal Josaphat" war – wie so oft – der geplante Bau einer Tiefgarage. Da der fast 1500 m² umfassende Hinterhofbereich zwischen Hauptstraße, Mittlerer Straße und St. Martinskirche nach dem Stadtbrand des Jahres 1819 nur wenig bebaut war, durfte man hier von einer ver-

Abb. 1   Markt in Mengen, Herbst 2000.

hältnismäßig guten Erhaltung der archäologischen Substanz ausgehen. Wichtige Erkenntnisse zur Siedlungsstruktur Mengens, zur Stadtentwicklung und zur lokalen Sachkultur im Mittelalter und der Neuzeit waren deshalb zu erwarten – und als Nebeneffekt konnte die polemische Schilderung der Stadt mit Hilfe einer objektiven wissenschaftlichen Arbeitsmethode auf ihren Wahrheitsgehalt überprüft werden.

Die Baugrube für die Tiefgarage wurde deshalb nicht einfach nur ausgebaggert, sondern zuerst eine zeit- und kostenaufwendige archäologische Untersuchung durchgeführt, nicht immer zur Freude der Bevölkerung. Zwar fand eine kleine Ausstellung, in der nach Abschluß der Ausgrabung erste Ergebnisse präsentiert wurden, guten Anklang, doch schien die Stadtkernarchäologie in Mengen danach wieder in Vergessenheit geraten zu sein. Aber zehn Jahre später gelang schließlich – auf Initiative der Stadt und mit Unterstützung des Landesdenkmalamtes Baden-Württemberg – die Finanzierung einer reduzierten Auswertung der Untersuchungsergebnisse, um die wissenschaftlichen Grundlagen für eine neue museale Präsentation der Stadtgeschichte zu erarbeiten. Auf den Ergebnissen des umfassenderen wissenschaftlichen Vorberichtes basieren die folgenden Ausführungen.

Historischer Überblick

Die oberschwäbische Stadt Mengen (Kreis Sigmaringen) liegt verkehrsgeographisch günstig an der Einmündung des Ablachtales in das Donautal, etwa 60 km südwestlich von Ulm und knapp 50 km nordnordöstlich von Konstanz.

Für die Region dürfte in vorgeschichtlicher und römischer Zeit die Nähe der Heuneburg bei Hundersingen bzw. des frührömischen Kastells Mengen-Ennetach prägend gewesen sein. Aus dem Stadtgebiet selbst waren zwei spätbronzezeitliche Wagengräber und ein römischer Gutshof mit farbigem Mosaikboden schon lange bekannt. In der näheren Umgebung sind als neue Entdeckungen die bronzezeitliche Höhensiedlung auf dem Ennetacher Berg, die hallstattzeitliche Nekropole im Ab-

Abb. 2   Mengen, Flurkarte von 1873 mit Liebfrauenkirche (1), St. Martinskirche (2), „Steinhaus" (3) und Grabungsareal im „Tal Josaphat" (4).

lachtal bei Mengen und die spätlatènezeitliche Viereckschanze bei Mengen-Ennetach besonders hervorzuheben. Man glaubt, diese Fundkonzentration mit der verkehrsgeographischen Bedeutung der Region erklären zu können.

Die frühmittelalterliche Besiedlung Mengens konnte bislang allerdings nur indirekt über Grabfunde nachgewiesen werden; auch der Ortsname selbst deutet mit seiner Endung („-ingen") auf eine frühmittelalterliche Siedlungsgründung hin, wobei Mengen und Ennetach („Mengen ennet ach" = Mengen jenseits der Ablach) nicht von einander zu trennen sind. Nach einer – allerdings im 12. Jahrhundert gefälschten – Urkunde schenkte Ludwig der Fromme im Jahr 819 seinen Ort „Maginga" dem Kloster Buchau. Diese erste Nennung des Ortes wird mit Ennetach in Verbindung gebracht. Jedenfalls ist damit belegt, daß es in Mengen im frühen Mittelalter Königsgut gab.

Die mittelalterliche Stadt Mengen soll vor allem aus zwei Siedlungskernen hervorgegangen sein, dem Königshof mit der Kirche St. Maria („Liebfrauenkirche") im Westen bis Nordwesten und dem Herzogshof (?) mit der Kirche St. Martin im Osten bis Nordosten der späteren Stadt. Die Patrozinien deuten darauf hin, daß diese Kirchen auf Eigenkirchen frühmittelalterlicher Adelshöfe zurückgehen. Nahe der „Liebfrauenkirche" ist die hochmittelalterliche Burg zu lokalisieren. Vielleicht läßt sich der auffällige, nahezu rechteckige Grundriß der Stadt damit erklären, daß durch die nördliche Stadtmauer die beiden schon vorher befestigten Areale miteinander verbunden wurden. Gleichzeitig konnte so der Bachlauf der Ablach als Stadtgraben in die Befestigung integriert werden.

Wann die Stadtbefestigung gebaut wurde, ist nicht überliefert. Die Entwicklung zur Stadt ist auch in Mengen als längerer Prozeß und nicht als Ergebnis eines einmaligen Rechtsaktes zu sehen. Die schon im Hochmittelalter relativ große Bedeutung des Ortes, der an der „Königstraße" nach Italien lag, läßt sich daran ablesen, daß Kaiser Friedrich I. „Barbarossa" hier im Jahr 1170 Hoftag hielt: Mengen muß also die Möglichkeit geboten haben, zahlreiche Hochadelige und ihr Gefolge unterzubringen und zu verpflegen. 1257 wird der Ort erstmals als „Frei-Mengen" bezeichnet. 1276 erhielt die „civitas" Mengen durch Rudolf von Habsburg die Rechte der Stadt Freiburg sowie Marktrechte und wurde von fremden Gerichten befreit. 1294 bestätigte König Adolf von Nassau diese Rechte.

Im 14. Jahrhundert wurden in Mengen mehrere wichtige Urkunden ausgestellt, doch wurde die Stadt auch – entgegen aller Versprechungen – mehrfach verpfändet und 1343 im „Schelklinger Krieg" zwischen den Häusern Habsburg und Württemberg ruiniert. Nachdem sich Mengen mit Riedlingen, Munderkingen, Saulgau und Waldsee in einem Städtebund zusammengeschlossen hatte, wurden diese sogenannten „Donaustädte" seit 1384 bis 1680 an die Truchsessen von Waldburg verpfändet, wobei sie ihre Rechte und Freiheiten behielten.

Die Nachricht von einem Stadtbrand 1604 ist nicht gesichert. Im Dreißigjährigen Krieg blieb Mengen von größeren Zerstörungen verschont, obwohl die Stadt unter Kriegsfolgen wie Pest und Hungersnöten zu leiden hatte.

Nachdem sich Mengen 1680/81 für über 6000 Gulden selbst aus der truchsessischen Pfandschaft ablöste, wurde die Stadt kaiserlich-vorderösterreichisch, bis sie 1806 von Napoleon an das Königreich Württemberg übergeben wurde. Im 19. Jahrhundert, wie wohl schon im Mittelalter, gelten

Abb. 3 Plan zum Brandkataster des Stadtbrandes in Mengen von 1819 mit dem Grabungsareal 1987-1989 im „Tal Josaphat".

als Haupterwerbsquellen der Mengener Bürger die Landwirtschaft und der Handel mit landwirtschaftlichen Produkten. Als bedeutendste Gewerbe sind Gerberei und Tuchmacherei zu nennen; daneben war Mengen als „Fuhrmannstadt" bekannt.
Schon 1810, und besonders 1811, hatten Brände einen Teil der mittelalterlichen Stadt zerstört. Am 8. Oktober 1819 vernichtete ein Großbrand im Zentrum – d. h. vor allem im nordöstlichen Viertel der Stadt – 64 Häuser. Mit dem Rathaus verbrannte auch das städtische Archiv. Beim Wiederaufbau wurden Straßenführung und Parzellierung in den betroffenen Bereichen grundlegend geändert.

Das Grabungsareal im „Tal Josaphat"

Der nahezu rechteckige Stadtgrundriß Mengens wird durch die Hauptstraße – früher Hauptgasse –, die sich im Zentrum zu einem Straßenmarkt verbreiterte, in Längsrichtung geteilt. Die Hauptgasse führte im Nordosten durch das Riedlinger Tor nach Ulm, im Südwesten durch das Meßkircher Tor in Richtung Bodensee und über die Schweiz nach Italien. Nordöstlich des Marktplatzes wurde sie von der Mittleren Gasse gekreuzt, die auf der Nordwestseite durch das Scheerer Tor aus der Stadt hinaus in Richtung Sigmaringen führte und dabei „Oberstadt" und „Unterstadt" trennte. An dieser Kreuzung steht das im Gedicht erwähnte „Steinhaus", ein mittelalterlicher Adelshof.

Das Grabungsareal lag im Nordteil der Un-

Abb. 4 Das „Tal Josaphat" zu Beginn der archäologischen Ausgrabung im Frühjahr 1988.

terstadt und nördlich des Steinhauses, also in dem Gebiet, das seit dem Barock als „Tal Josaphat" bezeichnet wurde. Die namengebende Lokalität liegt bei Jerusalem und gilt als der Ort, an dem das Jüngste Gericht stattfinden soll. Im 17. Jahrhundert war es üblich, daß ein zu Unrecht Beschuldigter seinen Widersacher ins Tal Josaphat lud, damit sich dieser vor Gottes Richtstuhl verantworte. Weshalb in Mengen ein Bereich der Stadt mit diesem eher unheimlichen Namen belegt wurde, ist unbekannt.

Seit der Neubebauung nach dem Stadtbrand 1819 befand sich hier der spärlich bebaute Hinterhofbereich der Blockrandbebauung entlang der Hauptstraße, Mittleren Straße, Neuen Straße und St. Martins-Straße. Mit Hilfe des Planes zum Brandkataster 1819 ließ sich die vorherige Straßenführung und Parzellierung rekonstruieren, welche wiederum Rückschlüsse auf mittelalterliche Strukturen erlaubte. Demnach war zu erwarten, daß im untersuchten Bereich drei als „Neben Gassen" bezeichnete Straßen lagen, die durch nicht näher bezeichnete Gäßchen miteinander verbunden wurden. Eine ähnliche verwinkelte Straßenführung findet sich heute noch in den südlichen und westlichen Teilen der Stadt, die vom Stadtbrand verschont geblieben waren.

Wie sich bei der archäologischen Untersuchung zeigte, wurde nach dem Stadtbrand nicht nur die Straßenführung, sondern auch das Oberflächenrelief begradigt, wobei Vertiefungen mit Brandschutt aufgefüllt und Erhöhungen abgetragen wurden. Nach diesen Planierungsarbeiten betrug das Gefälle in Südwest-Nordost-Richtung auf eine Entfernung von ca. 70 m nur noch 0,7 m. Ursprünglich war hier eine deutlich stärkere Hangneigung vorhanden: die Oberfläche des gewachsenen Bodens, der aus Schottern der Niederterrasse besteht, fiel von der höchsten Stelle im Süden des Grabungsareals (bei 559,45 m ü. NN) nach Nordwesten auf eine Entfernung von 30 m um ca. 0,3 m und nach Nordosten auf eine Distanz von 70 m um 1,35 m. Im Norden des untersuchten Bereiches wurde ein ehemaliges Bachbett noch randlich angeschnitten, wohl ein Zufluß oder Altarm der Ablach. Beim „Tal Josaphat" handelte es sich also ursprünglich um einen Hang, der nach Norden zu einem Bachlauf hin abfiel. Ob das Bachbett im Früh- bis Hochmittelalter noch Wasser führte und möglicherweise den frühen Siedlungskern bei der Kirche begrenzte, bleibt ungewiß.

Eindeutig festzustellen war jedoch, daß der Grundwasserspiegel seit dem frühen 19. Jahrhundert drastisch gesunken sein muß: selbst der tiefste Brunnen im Grabungsareal führte kein Wasser mehr. Deshalb waren Fundobjekte aus empfindlicherem organischem Material, die in feuchtem Milieu unter Luftabschluß konserviert worden wären, hier nur sehr selten erhalten. Das Fundmaterial besteht also fast ausschließlich aus haltbaren Materialien wie Keramik, Glas, Metall, Stein und Tierknochen („Bein").

Daß auch die Überreste der Bebauung, die sogenannten „Befunde", nur lückenhaft überliefert wurden, hat andere Gründe: durch spätere Bodeneingriffe wurden die jeweils älteren Strukturen teilweise zerstört.

Obwohl durch die Ausgrabung im „Tal Josaphat" zahlreiche neue Erkenntnisse zur Siedlungsgeschichte Mengens und zur regionalen Entwicklung der mittelalterlichen sowie neuzeitlichen Sachkultur gewonnen wurden, bleiben immer noch Fragen offen, von denen vielleicht manche durch eine umfassende wissenschaftliche Auswertung der Grabungsergebnisse geklärt werden könnten.

Vorgeschichtliche und römische Siedlungsspuren

Der sogenannte gewachsene Boden, der ohne nachweisbare menschliche Eingriffe entstanden ist, wurde im „Tal Josaphat" von einer dunklen, humosen Schicht bedeckt, die Ähnlichkeit mit guter Gartenerde aufwies. Dabei handelte es sich offensichtlich um die Humusdecke aus der Zeit vor und zu Beginn der mittelalterlichen Besiedlung. Diese dunkle Schicht nahm – erosionsbedingt – hangabwärts an Mächtigkeit zu, so daß die ursprüngliche Hangneigung etwas ausgeglichen wurde.

Die alte Humusschicht enthielt einige vorgeschichtliche und römische Funde, vorwiegend mehr oder minder grob gemagerte, kaum näher bestimmbare Wandscherben und Fragmente von Leistenziegeln. Mit zunehmender Schichtmächtigkeit erhöhte sich auch die Fundkonzentration im Norden des Grabungsareals, doch muß man wohl davon ausgehen, das es sich dabei um verlagertes Fundmaterial handelt, das aus hangaufwärts gelegenen Siedlungen stammt. Diese Siedlungen, die südlich des Grabungsareals im Stadtzentrum Mengens zu lokalisieren wären, dürften durch die mittelalterliche und neuzeitliche Bebauung nahezu vollständig zerstört und kaum mehr nachweisbar sein.

Mit dem Erdmaterial aus der alten Humusschicht gelangten auch gelegentlich prähistorische bzw. römische Funde in die Verfüllung von Pfostengruben oder Gruben, wie z. B. die Randscherbe einer Terra Sigillata-Schüssel vom Typ Dragendorff 37 in die Verfüllung eines Wandgräbchens, ohne daß solche Befunde deshalb zwingend als prähistorisch oder römisch anzusprechen wären. Andererseits enthielten zahlreiche Gruben und andere Befunde kein oder zumindest kein datierendes Fundmaterial, so daß letzlich nicht auszuschließen ist, daß einige davon doch zu den vormittelalterlichen Siedlungen gehört haben könnten.

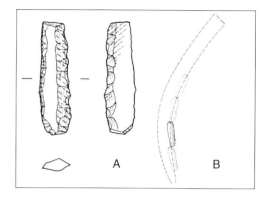

Abb. 5 Silexklinge (A) und rekonstruiertes Erntemesser mit Klingeneinsatz (B). M. 1:1 bzw. 1:3.

Als ältestes Fundstück, das zudem sehr wahrscheinlich noch in primärer Fundlage angetroffen wurde, nimmt die Klinge aus hellem Silex (vermutlich Jurahornstein) eine Sonderstellung ein. Sie lag auf der Sandschicht am Rande des ehemaligen Bachbettes im Norden des Grabungsareals und war ursprünglich in ein Erntemesser eingesetzt. Ihr Sichelglanz kam beim Abernten von Getreidehalmen oder von Schilfrohren für die Dachdeckung zustande; die Fundlage scheint eher auf die zweite Möglichkeit hinzudeuten. Das unscheinbare Steingerät läßt jedenfalls darauf schließen, daß irgendwo in nicht allzu großer Entfernung eine jungsteinzeitliche Siedlung be-

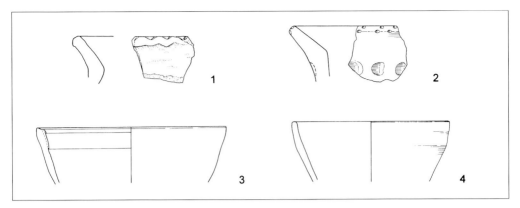

Abb. 6 Keramik der Urnenfelderkultur: 1, 2 Schrägrandgefäße; 3, 4 konische Schälchen. M. 1:3.

standen haben muß. Dies überrascht, denn bisher sind in der Region kaum neolithische Fundstellen bekannt: abgesehen von einigen Steinbeilen und -äxten aus der Donau ist die nächstgelegene jungsteinzeitliche Siedlung ein Dorf der „Schussenrieder Kultur" südöstlich von Ertingen. Die Silexklinge weist also auf eine bisher noch unbekannte Siedlungsstelle in oder bei Mengen hin.

Als einziger sicher prähistorischer Befund ist die große, runde oder ovale Grube 1 anzusprechen, die an der Südostgrenze des Grabungsareals gerade noch randlich angeschnitten wurde. Ihre Lage dicht bei der höchstgelegenen Stelle des untersuchten Geländes stützt die Hypothese, daß die vormittelalterlichen Siedlungen hangaufwärts außerhalb des Grabungsareals zu suchen sind. Die Grubenverfüllung ließ sich nur schwer vom gewachsenen Boden abgrenzen; dadurch unterschied sie sich deutlich von den übrigen Gruben, die fast stets mit dem dunklen, humosen Erdmaterial aus der alten Humusschicht verfüllt waren. Grube 1 enthielt ca. 30 dickwandige, grob gemagerte und schwach gebrannte Wandscherben sowie die gleichartige Randscherbe eines großen Schrägrandgefäßes der Urnenfelderkultur. Zumindest ein Teil der vorgeschichtlichen Keramik aus der alten Humusschicht läßt sich ebenfalls der Urnenfelderkultur zuordnen. Bisher waren aus der unmittelbaren Umgebung Mengens zwar spätbronzezeitliche, aber keine urnenfelderzeitlichen Funde bekannt. Dadurch gewinnt das spärliche Fundmaterial, das auf eine in unmittelbarer Nähe gelegene Siedlung dieser Zeitstellung hindeutet, an Bedeutung.

Die bereits erwähnten römischen Funde bestehen überwiegend aus Leistenziegelfragmenten, einigen Scherben tongrundiger Ware, wenig Terra Sigillata und wohl auch einem Spielstein. Eine exakte Datierung dieser Fundstücke ist nicht möglich. Ob sie in unmittelbarem Zusammenhang mit der bekannten villa rustica im „Oberen Heimgarten" südöstlich der Stadt zu sehen sind oder von einer nähergelegenen, sonst nicht bekannten Siedlungsstelle stammen, bleibt fraglich.

Frühmittelalterliche Siedlungsreste

Wie die vorgeschichtliche und römische Keramik wurde auch ein Teil des frühmittelalterlichen Fundmaterials aus der alten Humusschicht geborgen, so z. B. eine Wandscherbe mit Stempelverzierung. Obwohl prinzipiell nicht völlig auszuschließen ist, daß auch diese Funde sekundär in jüngere Gruben- bzw. Grubenhausverfüllungen geraten sein könnten, lassen sich doch einige dieser Befunde der frühmittelalterlichen Besiedlung zuordnen. Zumindest besteht die Möglichkeit, daß die frühmittelalterlichen Funde während des Baus, der Nutzung oder bei der Auflassung der Gebäude in die Erde gelangten.

Zwei Grubenhäuser und eine Grube, die wohl als Rest eines weiteren Grubenhauses zu interpretieren ist, enthielten u. a. einige Fragmente der „rauhwandigen Drehscheibenware"; sie lassen sich deshalb unter Vorbehalt in das 7. bzw. 8. Jahrhundert datieren. Ein weiteres Grubenhaus, das selbst keine Keramik enthielt, wird von einem jüngeren Grubenhaus geschnitten, aus dessen Verfüllung Keramik des 9./10. Jahrhunderts stammt: demnach wäre das ältere Grubenhaus ebenfalls der frühmittelalterlichen Besiedlung zuzuordnen.

Diese möglicherweise frühmittelalterlichen Grubenhäuser weisen einige Gemeinsamkeiten auf: sie sind mit einer Länge von 2,5–3,2 m und einer Breite von 2,0–2,8 m relativ klein, mit breit-rechteckigem Grundriß, dabei verhältnismäßig wenig in den gewachsenen Boden eingetieft, und ihre Verfüllung ist auffallend fundarm. Soweit sich den Grubenhäusern Pfosten zuordnen lassen, scheint es sich um Bauten mit drei Stirnpfosten zu handeln, der ältesten, aber auch langlebigsten Form des Grubenhauses. Gleiche Eigenschaften bei einem weiteren Grubenhaus, das wieder

Abb. 7 Frühmittelalterliche Keramik: 1 Wandscherbe mit Stempelverzierung; 2–4 rauhwandige Drehscheibenware. M.1:3.

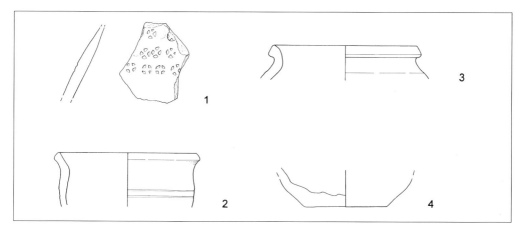

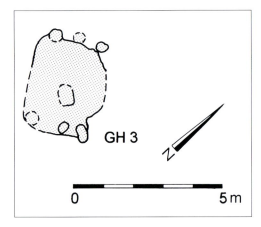

Abb. 8A Grundriß eines wahrscheinlich frühmittelalterlichen Grubenhauses.

kein datierendes Fundmaterial enthielt, könnten darauf hindeuten, daß auch dieses zu den frühmittelalterlichen Befunden gehört.

Solche Grubenhäuser dienten in der Regel nicht Wohnzwecken, sondern als Vorratsgebäude, d.h. Keller, oder als Werkstätten, z.B. für die Weberei. Durch die Eintiefung in den Boden wurde ein gewisser Temperaturausgleich und eine gleichmäßigere Luftfeuchtigkeit erreicht, die in beiden Fällen von Vorteil sein konnte. Bei den Grubenhäusern im „Tal Josaphat" waren keinerlei Hinweise auf ihre Nutzung zu finden.

Soweit das spärliche Fundmaterial eine genauere zeitliche Einordnung zuläßt, scheinen die maximal fünf frühmittelalterlichen Grubenhäuser nicht gleichzeitig bestanden zu haben: im 7. und 8. Jahrhundert war das „Tal Josaphat" wohl nur mit einem bis höchstens zwei Grubenhäusern bebaut. Diese geringen Siedlungsspuren passen zur Lage in der Nähe, aber doch schon außerhalb des zu vermutenden frühmittelalterlichen Siedlungskernes bei der St. Martinskirche.

Noch schwieriger als die Datierung der Grubenhäuser ist die zeitliche Gliederung der zahlreichen Pfostenbauten, den Wohn- und Wirtschaftsgebäuden des frühen und

Abb. 8 B Rekonstruktion eines Grubenhauses mit Gewichtswebstuhl (nach W. H. Zimmermann 1982, 115).

hohen Mittelalters. Obwohl einem singulären Befund nur wenig Beweiskraft zukommt, weil eine Fundverlagerung nicht auszuschließen ist, ist zu erwähnen, daß ein Gefäßboden der „rauhwandigen Drehscheibenware" aus einer Pfostengrube stammt, die demnach zu einem frühmittelalterlichen (Wohn-?)Gebäude gehört haben könnte. Die Zuordnung von Pfostengruben zu Hausgrundrissen erwies sich jedoch – von wenigen Ausnahmen abgesehen, die mit den hochmittelalterlichen Befunden vorgestellt werden – als zu aufwendig für eine reduzierte Auswertung der Grabungsbefunde, u.a. deshalb, weil in keinem Fall der zugehörige Fußboden erhalten war. Aus diesem Grund können keine Aussagen zu Anzahl, Größe und Konstruktionsweise der frühmittelalterlichen Pfostenbauten gemacht werden. Stratigraphische Beobachtungen beweisen die mehrphasige Bebauung des Areals: Pfostengruben überschnitten sich, andere Pfostengruben wurden von hochmittelalterlichen Grubenhäusern überlagert bzw. waren in eventuell frühmittelalterliche Grubenhäuser eingetieft. Die scheinbar unregelmäßige und dichte Verteilung der Pfostengruben in der Fläche ist ein weiterer Indikator für eine mehrphasige Bebauung, die durchaus schon im frühen Mittelalter eingesetzt und bis in das späte Mittelalter bestanden haben könnte.

Die hochmittelalterliche Besiedlung

Der größte Teil der Funde aus der alten Humusschicht besteht aus hochmittelalterlicher Keramik. Dazu kommen nun jedoch auch neun Fundkomplexe aus Grubenhäusern, wobei zumindest bei einigen schon aufgrund der Fundmenge auszuschließen ist, daß es sich um umgelagertes Fundmaterial handelt.

Das älteste hochmittelalterliche Grubenhaus, das in ein wahrscheinlich frühmittelalterliches Grubenhaus eingetieft worden war, enthielt sogenannte gelbtonige Drehscheibenware vom Typ „Runder Berg", die in das 9.–10., vielleicht noch frühe 11. Jahrhundert zu datieren ist. Weitere Randscherben desselben Typs aus der alten Humusschicht zeugen ebenfalls von einer Nutzung des Areals in diesem Zeitraum.

Eine intensivere Besiedlung im „Tal Josaphat" läßt sich jedoch erst für das fortgeschrittene 11. und für das 12. Jahrhundert nachweisen. Fünf Grubenhäuser enthielten nämlich gelbtonige Drehscheibenware des jüngeren Typs „Jagstfeld", vergesellschaftet mit nachgedrehter Keramik der „älteren Albware" mit ihrer charakteristischen Kalkspatmagerung. Aufgrund unterschiedlicher Randformen bei dieser Warenart läßt sich die Gruppe der hochmittelalterlichen Grubenhäuser noch weiter untergliedern. Stratigraphische Beobachtungen zeigen, daß diese Untergliederung feinchronologisch interpretiert werden darf: ein Grubenhaus, das „Albware" mit auffallend langen, schmalen Schrägrändern enthielt, war in die Verfüllung eines Grubenhauses eingetieft, aus dem „Albware" mit kurzen Schrägrändern stammt. Möglicherweise noch etwas älter könnte die „Albware" mit „knolligen" Randbildungen sein. Somit kann für drei Grubenhäuser eine Datierung in die 2. Hälfte des 11. bis 1. Hälfte des 12. Jahrhunderts und für zwei Grubenhäuser eine Datierung in die 2. Hälfte des 12. Jahrhunderts vorgeschlagen werden. Bei drei weiteren Grubenhäusern, die nur wenige Wandscherben der älteren Albware enthielten, ist keine genauere Datierung innerhalb des 11./12. Jahrhunderts möglich.

Sofern die bruchstückhafte archäologische Überlieferung eine Beurteilung der Befunde überhaupt zuläßt, unterscheiden sich die hochmittelalterlichee Grubenhäuser schon durch ihre Größe von den älteren Befunden: sie erreichen eine Länge von bis zu 5 m und eine Breite von bis zu 4 m. Außerdem sind sie stärker in den gewachsenen Boden eingetieft, und mehrere Grubenhäuser weisen einen vorgelagerten Eingangsbereich auf. Sechs-Pfostenbauten dürften – wie schon im Frühmittelalter – die Regel gewesen sein, doch gab es auch Zwei-Pfostenbauten. Diese Konstruktionsmerkmale wurden schon an anderen Fundorten als charakteristisch für die Grubenhäuser des ausgehenden Hochmittelalters erkannt. Bei zwei Grubenhäusern fanden sich Hinweise auf Flechtwerkwände, bei einem weiteren wurde der Rest einer Bretterwand beobachtet. Indizien für eine Nutzung der Grubenhäuser als Vorratsräume oder Werkstätten ergaben sich nicht.

Sieben Grubenhäuser enthielten kein datierendes Fundmaterial; sie waren meist stark gestört oder wurden an der Grenze des Grabungsareals nur randlich ange-

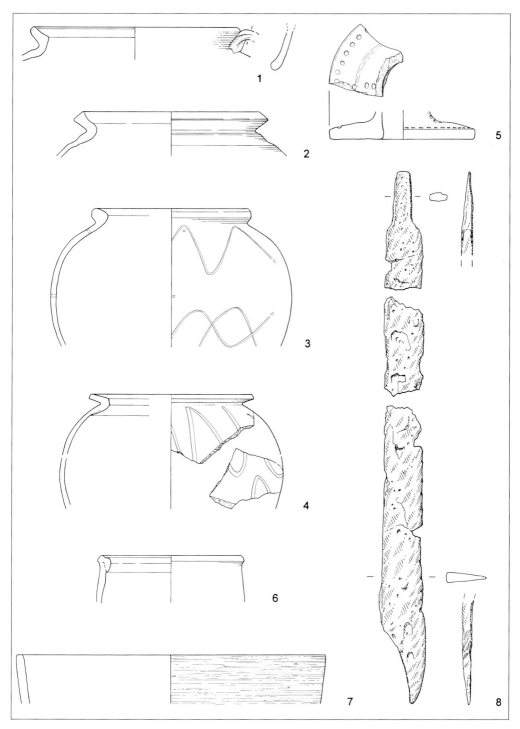

Abb. 9 Hochmittelalterliche Funde: 1, 2 gelbtonige Drehscheibenware; 3, 4 Töpfe; 5 Deckel; 6 Topfkachel der „älteren Albware"; 7 Lavezgefäß; 8 Messer. 1–7 M. 1:3; 8 M. 1:2.

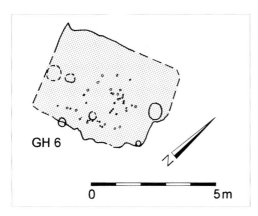

Abb. 10 A Grundriß eines hochmittelalterlichen Grubenhauses.

schnitten. Bei der Mehrzahl dieser Grubenhäuser kann allein aufgrund ihrer Größe und/oder starken Eintiefung in den gewachsenen Boden vermutet werden, daß es sich eher um hochmittelalterliche Befunde handeln dürfte. Damit hätten im 11./12. Jahrhundert im „Tal Josaphat" insgesamt 15 Grubenhäuser gestanden, dreimal so viele wie in den vier vorangegange-

Abb. 10 B Schnitt durch ein hochmittelalterliches Grubenhaus.

nen Jahrhunderten. Obwohl kaum mehr als drei dieser Grubenhäuser gleichzeitig bestanden haben dürften, ist die Zunahme der Siedlungsdichte wohl nicht zu verkennen. Die auffällige Konzentration mehrerer Grubenhäuser im höher gelegenen Südteil des Grabungsareals kann wohl damit erklärt werden, daß dort das Gelände für eingetiefte Bauten besser geeignet war, weil der Grundwasserspiegel weniger schnell erreicht wurde. Bei einer hangabwärts gelegenen runden, sehr tiefen Grube von 2 m Durchmesser lassen Lage und Form darauf schließen, daß es sich dabei um einen Brunnen gehandelt haben könnte, dessen vermutlich hölzerne Einfassung nicht erhalten war.

Wie bei den Grubenhäusern darf man wohl auch für die Pfostenbauten eine Zunahme der Bebauungsdichte vom frühen zum hohen Mittelalter annehmen. Auf die Zuordnung der Pfosten zu Hausgrundrissen mußte aus arbeitsökonomischen Gründen verzichtet werden, da sich durch die Mehrphasigkeit der Besiedlung einerseits und die lückenhafte Überlieferung aufgrund jüngerer Bodeneingriffe andererseits keine klaren Bebauungsstrukturen abzeichneten. Es war deshalb nur in einigen wenigen Fällen möglich, Hausgrundrisse von Pfostenbauten zumindest ansatzweise zu rekonstruieren. Hilfreich waren dabei die Reste einiger Wandgräbchen, die Pfostengruben miteinander verbanden und denen dann parallel verlaufende Pfostenreihen zugeordnet werden konnten. Dies gelang vor allem im Nordwesten des Grabungsareals, wo die spätmittelalterliche und neuzeitliche Bebauung weniger dicht war, so daß ältere Strukturen besser erhalten blieben.

Hier konnte auf diese Weise ein zweischiffiger Pfostenbau von mindestens 8 m Länge und 6 m Breite nachgewiesen werden („Haus 21"). Südöstlich davon stand ein

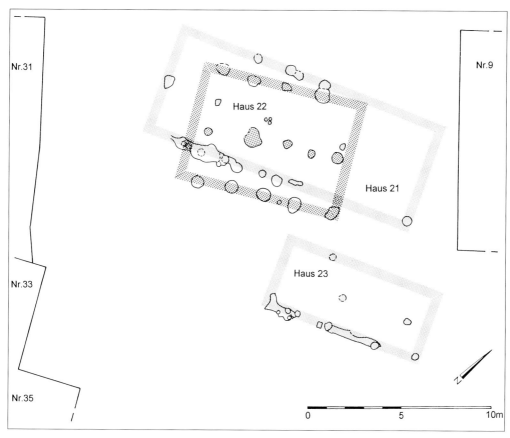

Abb. 11 A Grundrisse früh- bis hochmittelalterlicher Pfostenbauten.

kleinerer, mindestens 7 m langer und 4 m breiter Pfostenbau („Haus 23"), dessen identische Ausrichtung auf die Gleichzeitigkeit, vielleicht sogar Zusammengehörigkeit der Gebäude hindeuten könnte. Der Grundriß eines dritten zweischiffigen Pfostenbaus („Haus 22") von mindestens 8 m Länge und 6 m Breite wich in der Achsausrichtung geringfügig davon ab und überlappte sich mit dem des erstgenannten Gebäudes: hier werden zwei unterschiedliche Bauphasen konkret greifbar, ohne daß aber zu entscheiden war, welches der beiden Gebäude das ältere ist.

Im Süden und Osten des Grabungsareals konnte mittels der Wandgräbchen jeweils ein weiterer, kleiner Pfostenbau von 4 bzw. 3 m Länge und 3 bzw. 2 m Breite erfaßt werden. Solche kleinen Gebäude wurden an anderen Fundorten als Speicherbauten interpretiert, während für die größeren Bauten eine Nutzung als Wohngebäude oder als kombinierte Wohn- und Wirtschaftsgebäude naheliegt.

Die fast einheitliche Ausrichtung der Gebäudeachsen in Nordwest-Südost-Richtung bei den Pfostenbauten und der Mehrzahl der Grubenhäuser mag auf einen ebenso banalen wie praktischen Grund zurückzuführen sein: auf diese Weise waren die Dachflächen nicht der Hauptwindrichtung ausgesetzt und somit weniger gefährdet.

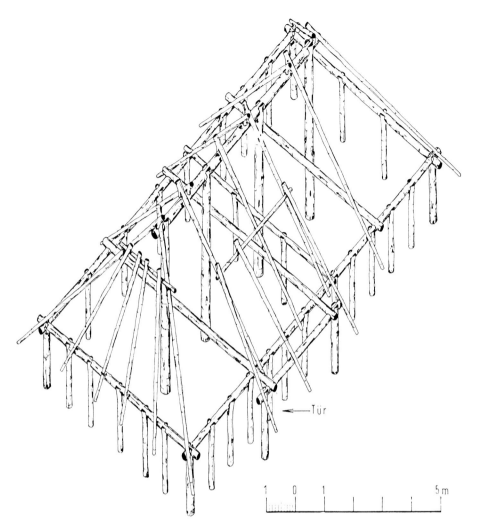

Abb. 11 B Gerüst eines zweischiffigen Pfostenbaus in isometrischer Darstellung (nach Sage 1969, Abb. 7).

Einige Pfostengruben enthielten hochmittelalterliches Fundmaterial, das beim Bau des Hauses, beim Ziehen der Pfosten anläßlich seines Abbruchs oder auch als umgelagertes Altmaterial in die Pfostengruben gelangt sein kann. Funde aus Pfostengruben sind deshalb nur bedingt zur Datierung der Gebäude geeignet. Die relative Häufigkeit von Keramik der „älteren Albware" in Pfostengruben deutet dennoch darauf hin, daß ein nicht geringer Teil der Befunde zu hochmittelalterlichen Häusern gehört haben dürfte.

Diese Beobachtung bestätigt die Zunahme der Siedlungsdichte im 11./12. Jahrhundert, wie sie sich auch bei den Grubenhäusern abzeichnete.

Weitere Funde, z. B. Bruchstücke eines Webgewichtes und von Mahlsteinen und Eisenschlacken, weisen zumindest indirekt auf handwerkliche Tätigkeiten in der Siedlung hin, während Fragmente von Lavez-Gefäßen, die aus dem Alpenraum importiert wurden, auf überregionale Kontakte, vielleicht sogar auf eine gewisse Wohlhabenheit der Bevölkerung schließen lassen. Bruchstücke von Topfkacheln, wie sie eigentlich für sakrale Gebäude und Adelssitze der Zeit um 1200 charakteristisch sind und in ländlichen Siedlungen normalerweise fehlen, belegen das Vorhandensein von frühen Kachelöfen und damit auch von beheizbaren (Wohn-)Räumen.

Der Hoftag, den Friedrich I. Barbarossa im Jahr 1170 in Mengen abhielt, fand demnach tatsächlich in einer prosperierenden Siedlung statt.

Die spätmittelalterliche Bebauung

Mengen wird Stadt

Wie wir den wenigen erhaltenen Schriftquellen entnehmen können, entwickelte sich Mengen im Lauf des 13. Jahrhunderts zur Stadt; 1276 muß diese Entwicklung weitgehend abgeschlossen gewesen sein. Es stellt sich nun die Frage, ob und in welcher Weise sich dieser Prozeß auch archäologisch fassen läßt – abgesehen vom Bau der Stadtbefestigung, die von der archäologischen Untersuchung im „Tal Josaphat" nicht tangiert war.

Die alte Humusschicht, aus der die Hauptmenge des älteren Fundmaterials stammte, enthielt nur noch vereinzelt Funde des 13. Jahrhunderts. Die archäologischen Befunde des Spätmittelalters hoben sich – offen-

Abb. 12 Querschnitt durch die „Nebengasse Süd" mit spätmittelalterlichen bis neuzeitlichen Pflasterungen im „Tal Josaphat".

bar aufgrund der Verwendung anderer Baumaterialien wie Bruchsteinen, Ziegeln und fettem gelbem Lehm – schon optisch deutlich von der alten Humusschicht und damit auch von den früh- bis hochmittelalterlichen Befunden ab.

Mit Hilfe stratigraphischer Beobachtungen und der Fundvergesellschaftungen, vor allem aus Keller- und Brunnenverfüllungen, konnten die spätmittelalterlichen Befunde drei Siedlungsphasen zugeordnet werden, die jeweils einen Zeitraum von etwa 100–150 Jahren umfaßten. Wie schon bei den früh- und hochmittelalterlichen Befunden deutlich wurde, bedingt gerade die lange Siedlungstradition im Stadtzentrum eine ausgesprochen lückenhafte Überlieferung der archäologischen Substanz: bei Bodeneingriffen im Zuge von Baumaßnahmen wurden immer wieder ältere Baubefunde zerstört. Deshalb ist eine detaillierte Rekonstruktion der Siedlungsgeschichte im „Tal Josaphat" nicht möglich, doch können die wesentlichen Besiedlungsabläufe nachvollzogen werden.

Als hilfreich für die Rekonstruktion der Besiedlungsgeschichte erwies sich außerdem der Plan zum Brandkataster von 1819: wie sich bei der Ausgrabung zeigte, läßt sich die neuzeitliche Straßenführung im wesentlichen auf den spätmittelalterlichen Straßenverlauf zurückführen. Im Süden des Grabungsareals verlief ungefähr parallel zur Hauptgasse eine Nebengasse, die nachfolgend als „Nebengasse Süd" bezeichnet wird. Ihre älteste Oberflächenbefestigung bestand aus kleinsteinigem Schotter, der unmittelbar auf die alte Humusschicht aufgebracht worden war und mehrere hochmittelalterliche Grubenhäuser überlagerte; die Straße kann demnach frühestens im späten 12. Jahrhundert angelegt worden sein. Bei den beiden Nebengassen im Osten und Nordwesten des Grabungsareals – „Nebengasse Ost" und „Nebengasse Nord" – war die Befundsituation ähnlich.

An der westlichen Grabungsgrenze bedeckte das älteste Straßenpflaster der „Nebengasse Süd" die Verfüllung von Grube 17, die muldenförmig in die alte Humusschicht eingetieft war, und zog gegen den Fundamentrest von Haus A an: diese beiden Befunde waren demnach älter als die Straßenbefestigung. Die Grube 17, deren Zweck unbekannt blieb und die spätestens bei Anlage der Straße verfüllt worden sein muß, enthielt einen hochmittelalterlichen Hohlschlüssel und Scherben von hochmittelalterlichen Töpfen mit Leistenrand sowie Becherkacheln. Ein vergleichbares Fundspektrum, dazu u. a. Fragmente von großen Schüsseln mit horizontal abgestrichenem Rand und Bruchstücke von verzierten Flachdeckeln mit großem zylindrischem Griff, ergaben der Stampflehmfußboden des Hauses A und die beiden Gruben 18 und 19, die unter dem Fußboden lagen und beim Hausbau zugefüllt worden waren. Diese Funde lassen darauf schließen, daß Haus A im späten 12. oder frühen 13. Jahrhundert gebaut und unmittelbar (?) danach die Straße gepflastert wurde.

Von Haus A war nur ein knapp 2,5 m langer und 0,9 m breiter Fundamentrest erhalten, der in die alte Humusschicht und in den gewachsenen Boden eingetieft worden war. Während seine Fortsetzung nach Osten durch jüngere Befunde gestört wurde, war auf der Westseite offensichtlich das Ende des Fundamentes erreicht: hier befand sich offenbar eine Türöffnung. Die potentielle Fortsetzung des Fundamentes nach Westen lag außerhalb des untersuchten Bereiches. Reste eines zum Fundament gehörigen Stampflehmfußbodens ließen sich 12 m weiter nach Nordwesten verfolgen. Verrußungen und Verziegelungen in

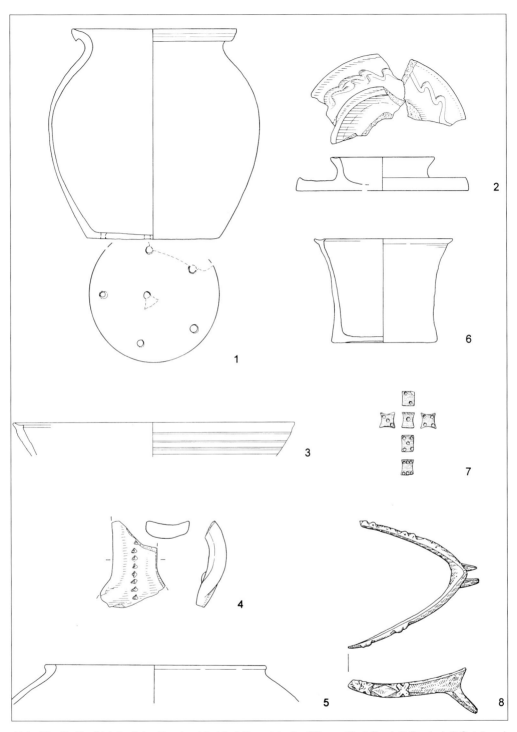

Abb. 13 Spätmittelalterliche Funde, 13. bis frühes 14. Jh. (Phase 1): 1 Topf; 2 Deckel; 3 Schüssel; 4, 5 Bügelkanne; 6 Becherkachel; 7 Beinwürfel; 8 Sporn. 1.2.4–6 M.1:3; 3 M.1:6; 7.8 M.1:2.

einem Teilbereich des Stampflehmfußbodens deuteten auf eine offene Feuerstelle hin, die selbst allerdings nicht erhalten war. Bei Haus A handelte es sich ganz offensichtlich um ein relativ großes Gebäude, das zumindest im Erdgeschoß über massive Außenmauern verfügte – vielleicht sogar um einen romanischen Wohnturm?

In das Pflaster der „Nebengasse Süd" eingetretene bzw. unmittelbar darauf liegende Funde bieten einen weiteren Anhaltspunkt für die Eingrenzung des Zeitraums, in dem das älteste Straßenpflaster benutzt wurde. Bei der Keramik überwiegt die reduzierend gebrannte „jüngere Drehscheibenware", die hier teilweise wie die „ältere Albware" Kalkspatmagerung aufweist. Die Töpfe haben meist ausbiegende Leistenränder, die auf der Innenseite leicht gekehlt sein können. Seltener sind Fragmente von Bügelkannen, von kleinen Tüllenkännchen oder Saugfläschchen sowie die ebenfalls schon oben aufgeführten großen Schüsseln mit horizontal abgestrichenem Rand. Demnach wurde das älteste Straßenpflaster während des 13. Jahrhunderts und möglicherweise noch im 14. Jahrhundert genutzt. Funde aus Buntmetall, darunter ein Fingerhut, und aus Eisen, wie z. B. ein weiterer Hohlschlüssel, Messerklingen, ein Sichelfragment, ein Pfeileisen, ein Hufeisen, das Fragment einer Ringtrense und das Rädchen eines Sporns, stützen diesen Datierungsansatz und sind gleichzeitig Zeugnisse des Alltagslebens in einer mittelalterlichen Straße.

Ein teilweise vergleichbares Formenspektrum wie der Lehmfußboden von Haus A, das Straßenpflaster der „Nebengasse Süd" und die älteren Gruben enthielt die Kellerverfüllung von Haus B. Es stand wohl an der südlichen Straßenseite der „Nebengasse Nord" und wurde an der Nordgrenze der Grabung nicht vollständig erfaßt. Sein etwa 4 m langer und 3,5 m breiter (?) Erdkeller, der keinerlei hölzerne oder steinerne Einbauten aufwies, könnte problemlos als Grubenhaus bezeichnet werden, wenn er nicht Teil eines größeren Gebäudes mit einem Stampflehmfußboden im Erdgeschoß gewesen wäre, dessen Außenwände allerdings nicht erhalten waren.

Da der Erdkeller in die alte Humusschicht und in die Verfüllung eines hochmittelalterlichen Grubenhauses eingetieft war, kann er ebenfalls frühestens im späten 12. Jahrhundert gebaut worden sein. Seine Verfüllung enthielt zahlreiche reduzierend gebrannte Töpfe mit Leistenrand, darunter auch karniesartige Formen, nicht selten mit einigen feinen Zierrillen auf der Schulter; dazu kommen verzierte Flachdeckel mit Mittelbuckel bzw. großem zylindrischem Griff, Fragmente von Bügelkannen und Grapen und eine kleinere Schüssel. Becherkacheln und das Fragment einer Flachglasscheibe mit gekröseltem Rand könnten auf die gehobene Ausstattung eines Wohnraumes hindeuten.

Insbesondere die Topfformen, aber auch die größere Formenvielfalt der Keramik aus dem Erdkeller des Hauses B wirkt tendeziell jünger als das Fundspektrum aus den Gruben 17–19 und dem Fußboden von Haus A. Da die Funde aus der Kellerverfüllung und somit aus der Endphase des Hauses stammen, verwundert dies nicht. Der Zeitpunkt der Kellerverfüllung von Haus B markiert somit das Ende der ersten spätmittelalterlichen Siedlungsphase, das im Vergleich mit datierter Keramik von anderen Fundorten gegen Ende des 13. oder spätestens im frühen 14. Jahrhundert anzusetzen wäre.

Die erste spätmittelalterliche Siedlungsphase ist also mit dem Zeitraum gleichzusetzen, in dem sich Mengen zur Stadt entwickelte. Anhand der Neuanlage des

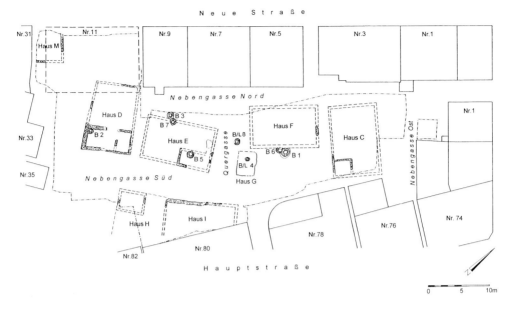

Abb. 14 Bebauung im Spätmittelalter, 14.–16. Jh. (Phasen 2 und 3).

Straßennetzes und einer Neubebauung – zumindest teilweise mit relativ großen, gut ausgestatteten Gebäuden – werden einschneidende Veränderungen tatsächlich auch archäologisch greifbar.

Von „Frei-Mengen" zur Verpfändung

Möglicherweise ebenfalls schon während der ersten spätmittelalterlichen Siedlungsphase wurde Haus C erbaut, das an der Ostgrenze des Grabungsareals nur teilweise erfaßt werden konnte und an der Nordseite der „Nebengasse Süd" stand. Das teilunterkellerte Gebäude war in die alte Humusschicht und in den gewachsenen Boden eingetieft. Sein stratigraphisches Verhältnis zum ältesten Pflaster der „Nebengasse Süd" blieb ungeklärt, ein jüngeres Straßenpflaster zog über die Kellerverfüllung hinweg. Mit einer Länge von 4 m und einer Breite von über 2,5 m wies der Keller von Haus C ungefähr die gleichen Maße auf wie der Erdkeller von Haus B, war jedoch vollständig ausgemauert. Anders als bei dem Fundament von Haus A wurden bei den Kellermauern in geringem Umfang auch Ziegelbruch und Backsteine verwendet. An der Westecke des Kellers befand sich ein vorgelagerter Kellereingang, der offenbar innerhalb des Gebäudes lag. Die Ausdehnung des Hauses nach Nordwesten konnte jedoch nur noch ansatzweise erfaßt werden; vielleicht war das Gebäude etwa gleich groß und ähnlich gebaut wie die vermutlich etwas jüngeren Häuser D und E und stand mit dem Giebel zur „Nebengasse Süd".

Zahlreiche dünne Fußbodenschichten und Laufniveaus lassen auf eine längere Nutzungszeit des Kellers von Haus C schließen. Ein Fund aus einer der untersten Schichten, die Randscherbe eines Topfes mit kleinem Leistenrand und Kalkspatmagerung, könnte darauf hindeuten, daß der Keller schon im späten 12./frühen 13. Jahrhundert bestand; allerdings ist bei einer einzelnen Scherbe nicht auszuschließen, daß sie umgelagert wurde. Jedenfalls wurde der Keller – wie wohl das ganze Haus – auch noch in der zweiten spätmittelalterlichen Siedlungsphase genutzt. Die keramischen Funde aus den Kellerfußböden weisen zwar einige Ähnlichkeit mit denjenigen aus der Verfüllung des Erdkellers B auf, doch sind die Leistenränder tendenziell breiter, oft unterschnitten, und ein Teil der Töpfe ist oxidierend gebrannt (d. h. unter Sauerstoffzufuhr). Dazu kommen neue Formen, wie z. B. ein reduzierend gebrannter Henkeltopf. Mehrere Spinnwirtel, die kleine Nuppe eines Glasbechers vom „Schaffhauser Typ", ein Buntmetall-Zierniet und ein kleiner Schlüssel ergänzen das Fundspektrum, das zunächst durch den überörtlichen Vergleich nur grob in das 14. Jahrhundert datiert werden konnte.

Ausgesprochen bedeutsam war deshalb ein kleiner Münzschatz, der in den Resten eines Lederbeutels unmittelbar unter der Kellerverfüllung auf dem obersten Kellerboden lag: offenbar ging er verloren, als der Keller verfüllt wurde. 17 Münzen konnten als Radkreuzheller bestimmt werden, geprägt in der 1. Hälfte des 14. Jahrhunderts; eine Münze wies aber als „sichtiges Zeichen" den bayerischen Rautenschild auf und muß in der 2. Hälfte des 14. Jahrhunderts hergestellt worden sein. Dieser Münzfund datiert nicht nur die übrigen Funde aus der Schicht und wohl ebenso diejenigen aus der Kellerverfüllung, sondern ergibt außerdem einen zeitlichen Fixpunkt, vor dem die Funde aus den älteren Schichten in den Boden gelangten und der Keller gebaut wurde.

Die Keramik, die demnach in der 2. Hälfte des 14. Jahrhunderts oder spätestens zu Be-

Abb. 15 Der Münzschatz aus dem Keller von Haus C, 14. Jh. M. 1:1.

ginn des 15. Jahrhunderts in die Kellerverfüllung geriet, besteht im wesentlichen aus reduzierend, seltener oxidierend gebrannten Töpfen mit Leisten- und einfachen, kragenartigen Karniesrändern. Der Bauch der Töpfe kann gelegentlich mit Rillen verziert sein; diese Zierweise gilt auch andernorts als charakteristisch für die 2. Hälfte des 14. und vor allem für das 15. Jahrhundert. Ein Flachdeckel zeigt erwartungsgemäß die späte Ausprägung des Typs mit kleinem Griff, und auch die Fragmente einer Henkelflasche sowie einer Kleeblattkanne stehen diesem Datierungsansatz nicht entgegen.

Vor allem jedoch enthielt die Kellerverfüllung eine große Anzahl oxidierend gebrannter Napf- oder Schüsselkacheln mit runder, dreieckiger und quadratischer Mündung, dazu einzelne grün glasierte Schüsselkacheln und mehrere Becherkacheln. Die unterschiedliche Kachelform dürfte sich teilweise aus der Ofenform erklären lassen, einzelne glasierte Kacheln wurden wohl als Schmuckelemente eingesetzt. Die unterschiedliche Kachelhöhe und die Verwendung verschiedener Kacheltypen könnte entweder darauf hindeuten, daß die Kacheln von mehreren Öfen stam-

Abb. 16   *Spätmittelalterliche Becher- und Schüsselkacheln.*

men oder, wahrscheinlicher, daß ein Ofen unter Wiederverwendung älterer Kacheln erneuert wurde. Jedenfalls muß man davon ausgehen, daß Ofenkacheln in der Regel länger in Gebrauch waren als die Geschirrkeramik: die Kacheln aus der Kellerverfüllung von Haus C dürften zumindest teilweise schon Anfang des 14. Jahrhunderts hergestellt und erst nach jahrzehntelangem Gebrauch in den Boden gelangt sein. Einige Fragmente reduzierend gebrannter Becherkacheln könnten sogar darauf hindeuten, daß das Gebäude bereits in der vorhergehenden Siedlungsphase über eine Heizmöglichkeit verfügte.

Ob Haus C anschließend ohne Keller weitergenutzt wurde oder einem Neubau weichen mußte, ließ sich archäologisch nicht klären. Ein Stampflehmfußboden, der über dem Kellereingang und die Kellerverfüllung aufgebracht wurde, deutet jedenfalls darauf hin, daß die Parzelle unmittelbar nach der Verfüllung des Kellers weiterhin überbaut war, denn das Fundmaterial aus dem Fußboden gleicht demjenigen aus der Kellerverfüllung. Wie lange das umgebaute Haus C oder sein Nachfolgebau bestand – vielleicht sogar über die zweite spätmittelalterliche Siedlungsphase hinaus (?) – blieb ebenfalls offen.

Sicher erst in der zweiten spätmittelalterlichen Siedlungsphase wurde Haus D gebaut, das weiter westlich an der „Nebengasse Süd" stand: sein Grundriß überlagerte teilweise den des Hauses A, das folglich vorher aufgelassen worden war. Trotz massiver Störungen aufgrund der nachfolgenden Bebauung und moderner Bodenein-

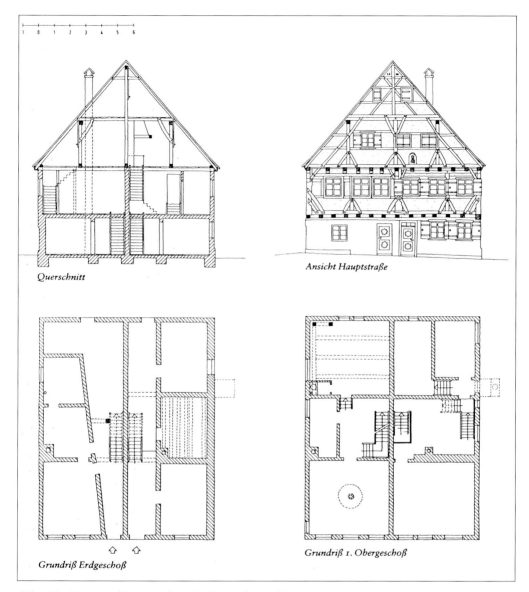

Abb. 17 Mengen, Hauptstraße 103. Doppelhaus, Fachwerkbau des späten 15. Jhs. (nach H. Ossenberg 1979, Abb. 16).

griffe ließ sich Haus D als dreizoniger Fachwerkbau rekonstruieren, der für Südwestdeutschland typischen Hausform seit dem 14. Jahrhundert. Von dem knapp 14 m langen und 9 m breiten Gebäude waren die Streifenfundamente der Außenwände nur teilweise erhalten, einziger Hinweis auf die Inneneinteilung war ein „Keller", d. h. ein um nur 0,7 m eingetiefter Raum, im Südosten des Gebäudes. Der eingetiefte Raum mit den Innenmaßen von 4 m auf 2,5 m war durch eine Tür in der Südwestecke zugänglich, sein Lehmfußboden mehrfach erneuert worden. Vermutlich wurden hier Lebensmittel aufbewahrt, denn unter dem Fußboden zeichnete sich ein ungewöhlich dichtes Netz von Tierbauten ab. Unmittelbar neben der „Kellertür" müßte sich in der Mitte der Giebelwand zur „Nebengasse Süd" die Haustür befunden haben. Für den gesamten ebenerdigen Raum ließ sich infolge der schlechten Erhaltungsbedingungen im Erdgeschoß, das mit mehrfach erneuerten Stampflehmfußböden ausgestattet war, keine weitere Raumeinteilung erkennen. Brunnen 2 unter dem Keller des jüngeren Hauses K im Südwesten des Gebäudes und die rechteckige Grube 22 in der nördlichen Raumzone, die parallel zu den Außenwänden von Haus D ausgerichtet war, dürften zu dessen Ausstattung gehört haben. Diese wenigen Befunde deuten wohl eher auf eine wirtschaftliche Nutzung des Erdgeschosses hin, die Wohnräume, d. h. Stube, Küche und Kammern, dürften sich im ersten Obergeschoß befunden haben und sind deshalb archäologisch nicht nachweisbar.

Die Funde aus der Fundamentrollierung für die Nordwand und aus den untersten Laufniveaus des „Kellers", vor allem Fragmente reduzierend gebrannter Töpfe mit Leisten- und schmalen Karniesrändern, vereinzelt auch mit Zierrillen, und ein verzierter Flachdeckel mit zylindrischem Griff, gleichen denen aus der Verfüllung des Erdkellers B. Demnach wurde Haus D in der Zeit um 1300 gebaut, am Übergang von der ersten zur zweiten spätmittelalterlichen Siedlungsphase. Ein Henkeltopf mit Leistenrand und einem Glasurstreifen auf der Innenseite des Randes war in der Nähe der Südostecke aufrecht in den „Keller-"Fußboden eingelassen worden. Dieser Fund sowie weitere Keramikbruchstücke, u. a. von reduzierend gebrannten und geglätteten konischen Schüsseln mit Karniesrand, die in den Kellerfußboden eingetreten worden

waren, belegen die Nutzung des „eingetieften Raumes" auch noch während des 15. Jahrhunderts.

Die Ausstattungsreste und die Dimensionen von Haus D, die z. B. mit dem um 1490 erbauten Doppelhaus Hauptstraße 103 in Mengen oder mit dem im 14. Jahrhundert errichteten Fachwerkhaus Zeughausstraße 4 in Biberach zu vergleichen sind, lassen auf ein Bürgerhaus schließen. Erst Ende des 15. oder im frühen 16. Jahrhundert, am Übergang von der dritten spätmittelalterlichen zur frühneuzeitlichen Siedlungsphase, wurde Haus D von Haus J abgelöst.

Die archäologische Substanz von Haus E, das östlich von Haus D an der „Nebengasse Süd" stand, war noch schlechter erhalten: sie bestand im wesentlichen aus einem Keller, in den jedoch der Keller des jüngeren Hauses K eingetieft war, und aus westlich und nordwestlich daran anschließenden Lehmfußböden. Nur im Profil wurde das Streifenfundament der Südwand erfaßt, das schon in das älteste Pflaster der

Abb. 18 Der spätmittelalterliche Keller des Hauses E, gestört durch den Kellereingang des frühneuzeitlichen Hauses K.

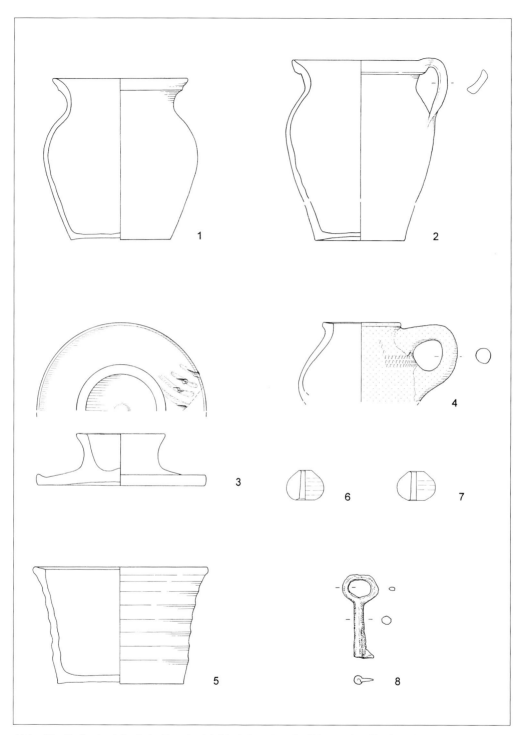

Abb. 19   Spätmittelalterliche Funde, 14. bis frühes 15. Jh. (Phase 2): 1 Topf; 2 Henkeltopf; 3 Deckel; 4 glasiertes Kleingefäß; 6, 7 Spinnwirtel; 8 Schlüssel. 1–7 M. 1:3; 8 M. 1:2.

Abb. 20 Püppchen mit Krüseler Haube aus Brunnen 1, leicht vergrößert.

„Nebengasse Süd" eingetieft worden war. In Übereinstimmung mit der Parzellengröße im Plan zum Brandkataster von 1819 kann man vermuten, daß Haus E wohl gleich groß und identisch konstruiert war wie Haus D. Allerdings stand es mit der Traufseite zur „Nebengasse Süd", sein Giebel zeigte zu der „Quergasse", die diese mit der „Nebengasse Nord" verband. Brunnen 3 lag vermutlich schon außerhalb des Hauses.

Mit einem Innenmaß von fast 6 m Länge und 2,5 m Breite war der Keller des Hauses E anderthalb Mal so groß wie der Keller von Haus D und zudem stärker eingetieft: die Kellersohle lag gut 1 m tiefer als die Stampflehmfußböden im Erdgeschoß; dennoch muß der Keller noch in halber Höhe in das Erdgeschoß hineingeragt ha-

ben. Ähnliche halbtiefe Keller sind beispielsweise in Biberach sowohl als archäologischer Befund des 15. Jahrhunderts bekannt als auch im Baubestand bis heute überliefert. Ursache für diese Bauweise ist dort der hohe Grundwasserspiegel. Zur Ausstattung des Kellers gehörten eine Lichtnische in der westlichen Kellermauer, mehrere dünne Lehmfußböden und eine runde Grube von 1 m Durchmesser, möglicherweise ein (nicht fertiggestellter?) Brunnen oder eine Latrine. Aufgrund der Störung durch den Keller des jüngeren Hauses J bleibt ungewiß, ob es sich bei Grube 24 vor der Nordostecke des Kellers um den Kellereingang handelte, der dann – wie bei Haus D – wohl unmittelbar hinter der Haustür in der Mitte des Giebels gelegen hätte.

Die Lehmfußböden im Erdgeschoß enthielten neben reduzierend, seltener oxidierend gebrannten Töpfen mit Leistenrand auch einen Flachdeckel mit großem zylindrischem Griff, die kleinere Variante der Schüsseln mit abgestrichenem Rand (diesmal mit Siebboden), Fragmente von Becher- und Schüsselkacheln sowie Bruchstücke von Fensterglas. Die Ähnlichkeit zu den Funden aus der Verfüllung des Erdkellers B und aus der Fundamentrollierung von Haus D läßt darauf schließen, daß auch Haus E zu Beginn der zweiten spätmittelalterlichen Siedlungsphase gebaut wurde und im 14. Jahrhundert über einen vergleichbaren Kachelofen verfügte wie das Haus C. Die Funde aus der Kellerverfüllung, wie z. B. die Fragmente einer Kleeblattkanne mit Siebeinsatz und einer reduzierend gebrannten Henkelschüssel, beweisen, daß der Keller von Haus E ebenso wie der Keller von Haus C im späten 14./frühen 15. Jahrhundert aufgegeben wurde. Auch hier bleibt offen, ob das Gebäude ohne Keller weiterhin bestand.

Abb. 21   Gotischer Model für eine Ofenkachel aus Brunnen 1, leicht vergrößert.

Die spätmittelalterliche Bebauung zwischen der „Quergasse" und Haus C ist kaum mehr rekonstruierbar. Geringe Reste von Streifenfundamenten und leicht eingetiefte Lehmfußböden in einem Teilbereich dürften von einem (?) Haus F stammen, das möglicherweise mit der Traufseite zur „Nebengasse Nord" und mit dem Giebel zur „Quergasse" stand und eventuell ebenfalls etwa gleich groß war wie Haus D. Das Fundmaterial aus den Fußbodenresten von Haus F bestand wieder überwiegend aus den charakteristischen reduzierend gebrannten Töpfen mit Leisten- und schlichten Karniesrändern der zweiten spätmittelalterlichen Siedlungsphase.

Südlich von Haus F scheint die Einmündung der „Quergasse" in die „Nebengasse Süd" platzartig ausgeweitet gewesen zu sein. Hier befand sich schon seit der ersten und noch während der zweiten spätmittelalterlichen Siedlungsphase Brunnen 1, dessen Verfüllung zahlreiches, qualitätvolles Fundmaterial des 14. Jahrhunderts enthielt.

Er könnte dann durch Brunnen 4 ersetzt worden sein, der – wie die übrigen Brunnen der zweiten und dritten spätmittelalterlichen Siedlungsphase – weniger sorgfältig gebaut war, einen kleineren Durchmesser und eine geringere Tiefe aufwies und später als Latrine benutzt wurde.

Trotz vieler Lücken im archäologischen Bestand läßt sich die Bebauung zwischen den beiden Nebengassen „Süd" und „Nord" für die zweite spätmittelalterliche Siedlungsphase mit einiger Sicherheit rekonstruieren. Diese setzte mit dem Bau der Häuser D–F, vielleicht auch Haus C, in der Zeit um 1300 ein und endete etwa um 1400 mit der Verfüllung der Keller zu den Häusern C und E. Zumindest jedoch Haus D, vermutlich aber auch die anderen Gebäude, wurden danach weiterhin genutzt.

Die zweite spätmittelalterliche Siedlungsphase mit einer weitgehenden Neubebauung im „Tal Josaphat" mit Fachwerkbauten könnte durchaus eine Folge der Ereignisse um 1276 sein, als Mengen die Rechte der

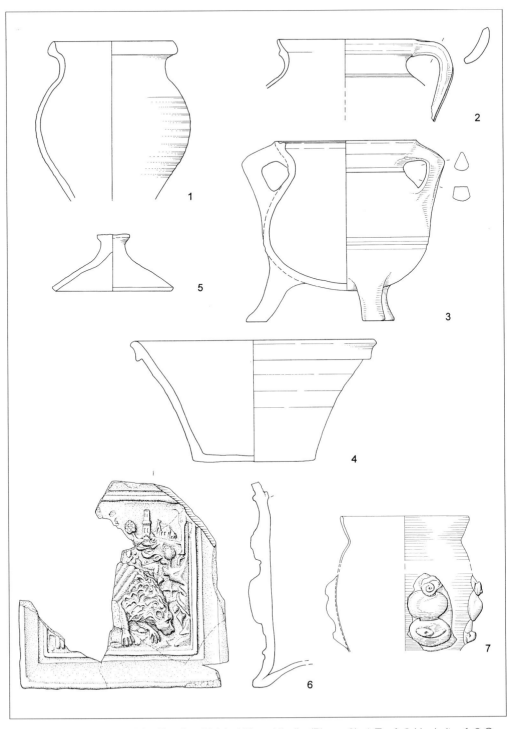

Abb. 22   Spätmittelalterliche Funde, 15. bis frühes 16. Jh. (Phase 3): 1 Topf; 2 Henkeltopf; 3 Grapen; 4 Schüssel; 5 Deckel; 6 Blattkachel; 7 Nuppenbecher, „Krautstrunk". 1–6 M. 1:3; 7 M. 1:2.

Stadt Freiburg und Marktrechte erhielt und Rudolf von Habsburgs Sohn Albrecht hier sogar persönliches Eigentum erwarb. In einer Urkunde dieses Jahres wird Mengen jedenfalls als „de novo constructi" (= neu gebaut) bezeichnet. Im 14. Jahrhundert erlitt Mengen ein wechselvolles Schicksal mit mehrfachen Verpfändungen und einer Ruinierung im „Schelklinger Krieg" um die Mitte des Jahrhunderts; im Grabungsbefund scheint sich dies aber nicht niedergeschlagen zu haben. Das Ende der zweiten und der Beginn der dritten spätmittelalterlichen Siedlungsphase dürfte schließlich in etwa mit dem Beginn der langjährigen Verpfändung der Donaustädte an die Truchsessen von Waldburg ab 1384 zusammenfallen.

Konsolidierung und Ausbau am Ende des Mittelalters

Die dritte spätmittelalterliche Siedlungsphase scheint im „Tal Josaphat" keine einschneidenden Veränderungen der Bebauungsstrukturen mit sich gebracht zu haben: Haus D und vermutlich auch die Häuser C und E, vielleicht sogar F wurden – wenn auch ohne Keller – weiterhin genutzt. Neu hinzu kamen ein Gebäude an der Nordostecke der Einmündung „Quergasse"/ „Nebengasse Süd" sowie mehrere Brunnen/Latrinen, und erstmals kann nun eine Bebauung entlang der Südseite der „Nebengasse Süd" nachgewiesen werden.

Fachwerkhaus D mit seinem Hausbrunnen 2 wurde kurz nach 1500 aufgegeben. Wie die Funde zeigen, war es spätestens seit der 2. Hälfte des 15. Jahrhunderts mit verglasten Fensterscheiben und wohl auch einem Kachelofen mit Schüssel- und Blattkacheln ausgestattet, wobei weiterhin Stampflehmfußböden auf eine wirtschaftli-

Abb. 23 Spätgotisches Keramikfigürchen, Engel, aus Brunnen/Latrine 7. M. ca. 3:2.

che Nutzung des Erdgeschosses hindeuten. Die unmittelbar vor der Südwestecke von Haus D gelegene, große „runde Grube" 3 – ein Brunnen oder eine Latrine (?) – wurde ebenfalls Anfang des 16. Jahrhunderts zugefüllt. Neben den Fragmenten von reduzierend und oxidierend gebrannten Töpfen mit Leisten- und Karniesrändern und geglätteten konischen Schüsseln mit Wulst- und Karniesrändern enthielt die Grubenverfüllung zahlreiche Bruchstücke von Glasgefäßen und das Fragment eines aus dem Rheinland (?) importierten Trinkgefäßes aus Steinzeug – Abfälle eines nicht gerade ärmlichen Haushalts.

In Analogie zu Haus D und unter Berücksichtigung der Beobachtung, daß die Außenmauern von Haus E für das früneuzeitliche Haus K wiederverwendet wurden, wird man davon ausgehen können, daß auch Haus E während des 15. Jahrhunderts noch bestand. Spärliche archäologische Befunde, wie die Reste von Streifenfundamenten von Zwischenwänden und von Lehmfußböden, bestätigen dies. Demnach muß Brunnen 7, der wohl an der nördlichen Hauswand lag und zunächst als Hausbrunnen diente, in dieser Phase gebaut worden sein. Vermutlich führte er später jedoch kein Wasser mehr und wurde als Latrine weiterverwendet. Ersetzt wurde er wahrscheinlich durch den tieferen Brunnen 5 im Südosten des Hauses.

Noch spärlicher waren die archäologischen Befunde zu den Häusern F und C östlich der „Quergasse"; ob auch diese über die zweite spätmittelalterliche Siedlungsphase hinaus bestanden, ließ sich deshalb nicht abschließend beurteilen. Immerhin wäre es möglich, daß Brunnen 8 und der nicht fertiggestellte Brunnen 6, die im frühen 15. Jahrhundert gebaut worden sein dürften, zu Haus F gehörten; Brunnen 8 wurde wohl sekundär Ende des 15./Anfang des 16. Jahrhunderts als Latrine genutzt.

Südlich von Haus F, an der Einmündung der „Quergasse" in die „Nebengasse Süd", entstand im 15. Jahrhundert der Erdkeller G. Genau genommen handelte es sich dabei um ein spätes Grubenhaus, denn es gab keine Anzeichen dafür, daß der Erdkeller mit einem Innenmaß von 3 m auf 3,5 m Teil eines größeren Gebäudes war. Wohl aufgrund von nachmittelalterlichen Bodeneingriffen bis hin zu modernen Störungen konnten ihm auch keine Pfostengruben für Aufbauten zugeordnet werden; der Kellereingang dürfte vor der Nordwestecke gelegen haben. An zwei Wänden waren noch die Reste einer Bretterverschalung zu erkennen. Auf dem Kellerboden fanden sich nicht nur dünne Lehmfußböden, alternierend mit dunklen Laufniveaus, sondern auch eine Herdplatte aus Backsteinen. Die Funktion dieses Erdkellers bleibt unklar: trotz der Herdplatte erscheint eine Nutzung als Wohnraum wenig wahrscheinlich, eher wird man an eine wirtschaftliche Nutzung denken, sei es im handwerklichen oder im hauswirtschaftlichen Bereich. Sicherlich waren in solch einem kleinen, eingetieften und damit relativ windgeschützten Raum mit einem offenen Feuer auf der Herdplatte leicht hohe Lufttemperaturen zu erzielen, wie sie zum Beispiel zum Trocknen (Räuchern?) ganz unterschiedlicher Dinge benötigt wurden.

Der Erdkeller war in den Brunnen oder die Latrine 4 eingetieft, die wohl um 1400 aufgefüllt worden war; demnach kann er frühestens in der dritten spätmittelalterlichen Siedlungsphase entstanden sein. Die Kellerverfüllung bestand aus gelbem Lehm und wurde vom Brandschutt des frühneuzeitlichen Hauses L überlagert. Sie enthielt Fundmaterial des frühen (?) 15. Jahrhunderts, z. B. einen Topf mit gekehltem Wulstrand, einen unverzierten Flachdeckel mit kleinem Griff, den Torso eines Tonpüppchens und oxidierend gebrannte Schüsselkacheln mit quadratischer Mündung. Erdkeller G kann demnach nur während einer relativ kurzen Zeitspanne, einige Jahre oder wenige Jahrzehnte lang, benutzt worden sein.

Haus H stand an der Südseite der „Nebengasse Süd", gegenüber von Haus E und schräg gegenüber von Haus D, und erstreckte sich über die Grabungsgrenze hinaus nach Süden. Die stark modern gestörten archäologischen Befunde lassen sich nur unter Vorbehalt interpretieren, in Analogie zu dem besser erhaltenen Grundriß des allerdings älteren Hauses D. Nachgewiesen wurden ein Keller mit einem Innenmaß von 4,7 m auf mindestens 3,2 m sowie ebenerdige Stampflehmfußböden und Laufniveaus in dem östlich angrenzenden Bereich. Demnach dürfte es sich bei dem Haus H um ein weiteres teilunterkellertes, dreizoniges Fachwerkhaus mit dem Giebel zur „Nebengasse Süd" handeln. Der Abstand zum östlich gelegenen Haus I reicht für ein Gebäude von etwa gleicher Größe wie Haus D aus.

Die Kellerverfüllung enthielt Fundmaterial des frühen 17. Jahrhunderts, der Keller bestand also bis in die frühe Neuzeit hinein. Unter seinem dicken Stampflehmfußboden war jedoch ein älterer Lehmfußboden über einem Laufniveau erhalten, das beim Bau des Kellers entstanden sein dürfte. Diese beiden Schichten enthielten u. a. die Fragmente einer Bügelkanne und mehrerer reduzierend gebrannter, geglätteter Schüsseln mit Karniesrand sowie von Schüsselkacheln; die Bauzeit des Kellers läßt sich so auf das 15. Jahrhundert und damit in die dritte spätmittelalterliche Siedlungsphase eingrenzen.

Haus I schloß sich östlich an Haus H an und stand gegenüber von Haus E und der Einmündung der „Quergasse" in die „Nebengasse Süd". Auch dieser Bereich war stark gestört, teilweise durch moderne Leitungsgräben, vor allem aber durch das nachfolgende, teilunterkellerte Haus Nr. 20/1, das 1819 abbrannte. Da das Fundament von Haus I für das jüngere Gebäude zumindest teilweise weiter- oder wiederverwendet wurde, darf man wohl davon ausgehen, daß Haus I wie dieses etwa 12 m lang und 9 m breit und mit der Traufseite zur „Nebengasse Süd" ausgerichtet war. Demnach kann man sich Haus I wieder als dreizonigen Fachwerkbau vorstellen.

Entlang der Außenseite des Streifenfundamentes von Haus I verlief ein schmales Gräbchen, das in ein jüngeres Pflaster der „Nebengasse Süd" eingetieft war: eine Interpretation als Baugrube für das Fundament bot sich an. Dieses Gräbchen enthielt zahlreiche Keramikfragmente, die aus der Bauzeit des Hauses stammen und/oder aus älteren Schichten umgelagert worden sein konnten. Ähnliche Formen der Töpfe, Schüsseln mit Wulstrand und Kleeblattkannen mit Siebeinsatz fanden sich in anderen Befunden vom Ende der zweiten und aus der dritten spätmittelalterlichen Siedlungsphase, vergleichbare konische Knaufdeckel aber erst ab der dritten Phase. In Einklang mit der Datierung des Hausbaus in das 15. Jahrhundert stehen die wenigen Funde aus dem Fundament selbst sowie aus dem südlich anschließenden Stampflehmfußboden, wie z.B. Fragmente einer Henkelflasche und reduzierend gebrannter, vereinzelt auch glasierter Schüsseln.

In der dritten spätmittelalterlichen Siedlungsphase, die das 15. bis frühe 16. Jahrhundert umfaßt, blieben im Bereich zwischen den Nebengassen „Süd" und „Nord" die Gebäude der vorhergehenden Phase offenbar im wesentlichen bestehen. Nach Notwendigkeit wurden Umbauten vorgenommen, so z. B. Keller verfüllt, Brunnen neu gebaut bzw. zu Latrinen umgenutzt, neue Lehmfußböden aufgetragen und andere Öfen gesetzt. Der Umfang dieser Umbaumaßnahmen, welche ebenso die oberen Stockwerke und die Dächer betroffen haben dürften, läßt sich am archäologischen Bestand allein kaum abschätzen.

Daß am Ende der zweiten spätmittelalterlichen Siedlungsphase die Keller aufgegeben und neue Brunnen weniger tief angelegt wurden, könnte man damit erklären, daß Ende des 14./ Anfang des 15. Jahrhunderts der Grundwasserspiegel im „Tal Josaphat" anstieg, vielleicht als Folge der spätmittelalterlichen Klimaverschlechterung in der Übergangsphase vom mittelalterlichen

Wärmeoptimum zur „kleinen Eiszeit" im 16. bis 18. Jahrhundert. Dieser Zustand dürfte jedoch nicht sehr lange, höchstens wenige Jahrzehnte, angehalten haben: die Brunnen fielen trocken und wurden als Latrinen weiterverwendet, zumindest ein Hausbrunnen wurde durch einen tieferen Brunnen ersetzt. Zudem konnten neu gebaute Häuser schon im 15. Jahrhundert, vielleicht sogar noch in dessen 1. Hälfte, wieder unterkellert werden.

Abgesehen von Erdkeller G, wohl einem Wirtschaftsgebäude, war eine Neubebauung im „Tal Josaphat" nur für den Bereich südlich der „Nebengasse Süd" nachweisbar, wobei sich der Grundriß der Häuser H und I offenbar nicht wesentlich von dem der Fachwerkbauten der zweiten Siedlungphase unterschied: vielleicht wurde auch hier eine ältere Parzellierung beibehalten, für die jedoch der archäologische Nachweis fehlt.

Der Erhalt und der Ausbau des Bestehenden scheinen demnach für die Stadt Mengen im 15. Jahrhundert charakteristisch gewesen zu sein.

Die neuzeitliche Bebauung

Die Siedlungsentwicklung bis zum Ende des Dreißigjährigen Krieges

Auch über das Spätmittelalter hinaus wurde das bestehende Straßennetz im „Tal Josaphat" beibehalten. Während die im 15. Jahrhundert errichteten Fachwerkbauten auf der Südseite der „Nebengasse Süd" weiterhin bestanden, wurden die älteren Häuser D, E und G nun durch Neubauten ersetzt; im Bereich östlich der „Quergasse" war die archäologische Substanz allerdings so schlecht erhalten, daß kaum Aussagen über die neuzeitliche Bebauung möglich sind. Im Nordwesten des Grabungsareals wird nun erstmals ein Gebäude an der Nordseite der „Nebengasse Nord" greifbar.

Als Haus J anstelle von Haus D gebaut wurde, behielt man die vorherige Parzellierung nahezu bei und versetzte die Außenwände auf drei Seiten nur geringfügig nach außen; das Streifenfundament der Nordwand war nicht erhalten, dürfte jedoch ebenfalls in der Nähe der Nordwand von Haus D zu lokalisieren sein. Daraus ergibt sich für das Gebäude, das man sich wohl wieder als dreizoniges Fachwerkhaus vorstellen darf, eine Länge von vermutlich 13,5 m und eine Breite von 10 m. Wie schon bei Haus D fanden sich kaum Hinweise auf die Raumeinteilung im Erdgeschoß, das im wesentlichen wieder mit Stampflehmfußböden ausgestattet war. Im Nordwesten hatten sich jedoch geringe Reste eines Holzbretterbodens erhalten, demnach könnte nun auch das Erdgeschoß als Wohnraum genutzt worden sein. Im Südwesten des Hauses wurde ein Keller mit einem Innenmaß von 3 m auf ca. 3,5 m angelegt; der vorgelagerte Kellereingang, der mit einem gebogenen Mäuerchen eingefaßt war, befand sich an der Nordostecke. Weil das Fußbodenniveau des Kellers nur knapp 1 m tiefer lag als die Fußböden im Erdgeschoß, muß der Keller von Haus J wieder mindestens in halber Höhe in das Erdgeschoß hineingeragt haben.

Da Brunnen 2 und die runde Grube 3, die im frühen 16. Jahrhundert zugefüllt worden waren, durch seinen Keller gestört wurden, kann Haus J frühestens in dieser

Abb. 24 Fundament der Südwand von Haus J auf der Kellermauer von Haus D, beide gestört durch ein modernes Betonfundament.

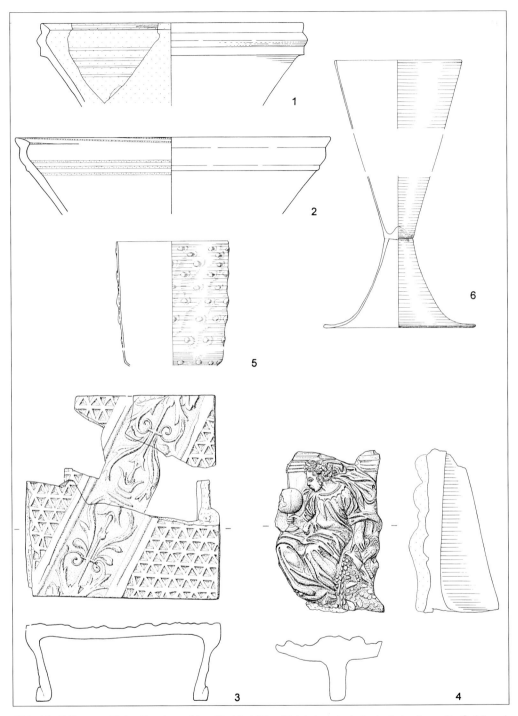

Abb. 25 Frühneuzeitliche Funde, spätes 16. bis Mitte 17. Jahrhundert: 1 glasierte, bemalte Schüssel; 2 Schrühbrand des gleichen Typs aus dem Töpferofen; 3 Tapetenkachel; 4 Blattkachel; 5 Warzenbecher; 6 Flöte. 1–4 M.1:3; 5.6 M.1:2.

Zeit gebaut worden sein. Zu dieser zeitlichen Einordnung passen auch die Funde aus dem Bauhorizont des Kellers, sofern sie nicht sogar vom – unmittelbar vorher (?) – abgebrochenen Haus D stammen. Ein Stampflehmfußboden wurde nur im Bereich des Kellereingangs festgestellt, auf der Kellersohle fanden sich nur mehrere dunkle, lehmige Laufniveaus, deren oberstes ebenso wie die Kellerverfüllung Fundmaterial des späten 16. und der 1. Hälfte des 17. Jahrhunderts enthielt: während Bruchstücke von grün glasierten Ofenkacheln und von rechteckigen und runden Fensterscheiben mit Kröselrand sowie Butzenscheiben auf die wohnliche Ausstattung des Hauses hindeuten, läßt das bewegliche Inventar auf einen recht wohlhabenden Haushalt schließen. Dazu gehören vor allem zahlreiche Bruchstücke von Glasgefäßen, nicht nur von schlichten Flöten und Warzenbechern, sondern auch der Fuß eines Pokals à la façon de Venise (= venezianischer Art) und der Nodus (= kugelförmige Verdickung) eines emailbemalten Fußbechers. Nennenswert sind auch seltene Metallfunde, wie eine Dochtschere und vor allem ein Teil eines reich verzierten Buchbeschlages aus Messing; das dazugehörige Buch, wohl ein Gebetbuch oder ähnliches, konnte an einer Öse aufgehängt am Gürtel getragen werden. Gleichzeitig zeigen diese Funde, daß zumindest der Keller – oder gar Haus J insgesamt (?) – spätestens um die Mitte des 17. Jahrhunderts aufgegeben wurde.

Vielleicht schon etwas früher, d. h. im späten 16. Jahrhundert, wurde das benachbarte Haus E durch Haus K ersetzt, wobei hier jedoch die Fundamente des Vorgängerbaus wiederverwendet wurden. Der Keller wurde – wie ehedem bei Haus E – in der Südostecke eingerichtet, doch war er kleiner und über eine Kellertreppe an der Nord-

Abb. 26 Buchbeschlag aus Messing aus der Kellerverfüllung von Haus J. M. ca. 1:2.

westecke zu erreichen; die Schwelle der Kellertür lag unmittelbar über dem Steinkranz von Brunnen 5, der zu diesem Zeitpunkt also nicht mehr in Benutzung war. Im Erdgeschoß westlich des Kellers konnten Stampflehmfußböden diesem Gebäude zugeordnet werden, während nördlich davon geringe Reste eines Holzfußbodens erhalten waren: ebenso wie bei Haus J waren demnach im Erdgeschoß von Haus K sowohl Wohn- als auch Wirtschaftsräume vorhanden.

Grube 25, die im Norden oder unmittelbar nördlich des Hauses lag, enthielt Fundmaterial, das aus Haus K stammen dürfte, u. a. Bruchstücke von Fensterglas und zahlreiche Fragmente von Ofenkacheln, meist Tapetenkacheln, wie sie seit dem späten 16. Jahrhundert beliebt waren. Keramikfunde aus den mehrfach erneuerten Stampflehmfußböden im Erdgeschoß und aus der Kellerverfüllung, u. a. Wandscherben von graublauem Westerwälder Steinzeug mit Auflagenverzierung, zeigen, daß Haus K bis in das fortgeschrittene 17. Jahrhundert bestand. Da sowohl der Holzfußboden als auch die hölzerne Kellertreppe Brandspuren aufweisen, wird man davon ausgehen müssen, daß Haus K abbrannte.

Auch Haus L, das auf der gegenüberliegenden Seite der „Quergasse" stand und den spätmittelalterlichen Erdkeller G abgelöst hatte, muß im gleichen Zeitraum abgebrannt sein. Vom Haus selbst konnten nur noch die südwestliche Gebäudeecke und dazugehörige Lehmfußböden nachgewiesen werden, die von einer mächtigen Brandschuttschicht bedeckt waren. Diese enthielt u. a. ähnliche Ofenkacheln wie Grube 25 in oder bei Haus K, sowie Bruchstücke von Butzenscheiben und von Glasgefäßen, z. B. von Warzenbechern, wie sie auch in der Kellerverfüllung des Hauses J zu finden waren.

Die Kellerverfüllung von Haus H auf der südlichen Straßenseite der „Nebengasse Süd", das in der dritten Phase der spätmittelalterlichen Besiedlung erbaut worden war, enthielt ebenfalls ein ganz ähnliches Fundmaterial: dies gilt sowohl für die Keramik als auch für die Glasgefäße, wie Warzenbecher, Flöten und Spechter mit Quadermuster. Demnach müssen alle vier Häuser im gleichen Zeitraum, höchstwahrscheinlich in den Jahrzehnten um die Mitte des 17. Jahrhunderts, aufgegeben worden sein. Mit archäologischen Mitteln läßt sich allerdings nicht feststellen, ob dies tatsächlich absolut gleichzeitig geschah oder innerhalb mehrerer Jahre.

Das spätmittelalterliche Haus I scheint dagegen weiterhin bestanden zu haben und wurde frühestens in dieser Phase mit einem Hausbrunnen ausgestattet. Brunnen 9 war größer und wesentlich tiefer als alle spätmittelalterlichen Brunnen, allerdings durch moderne Leitungen weitgehend zerstört.

Von Haus M wurde in der Nordwestecke des Grabungsareals, in einem sehr stark modern gestörten Bereich, nur die Südostecke erfaßt. Bei der Ausgrabung zeigte sich jedoch, daß es sich dabei um Haus Nr. 35 des Brandkatasters von 1819 handelte, so daß sich der Gebäudegrundriß ergänzen ließ. Der Westgiebel von Haus M stand an der „Mittleren Gasse", an seiner südlichen Traufseite führte die „Nebengasse Nord" entlang, von der vor dem Ostgiebel eine weitere Gasse abzweigte. Haus M war mit einer Länge von etwa 17 m und einer Breite von 11 m deutlich größer als die spätmittelalterlichen und die übrigen frühneuzeitlichen Häuser im „Tal Josaphat". Ob Haus M bereits im Spätmittelalter gebaut worden war oder ob es einen spätmittelalterlichen Vorgängerbau ablöste, konnte nicht geklärt werden; sicher feststellen ließ sich nur seine Nutzung seit der frühen Neuzeit und bis zum Stadtbrand 1819.

Die Südostecke von Haus M wurde von einem Töpferofen eingenommen; dabei handelte es sich um einen sogenannten liegenden Ofen mit vorgelagerter Arbeits- oder Heizergrube, Feuerraum, dahinter angeordneter Brennkammer und Kamin. Feuerraum und Brennkammer waren zusammen ca. 4 m lang und 2,5 m breit, die Höhe des Ofens läßt sich nicht mehr rekonstruieren. Wegen starker rezenter Störungen konnte selbst der Ofengrundriß nicht mehr vollständig erfaßt werden.

Im Ofen wurden vor allem Ofenkacheln, aber auch Geschirrformen gebrannt, wie sie in Verbindung mit den Häusern J und K gefunden wurden. Im Ofenschutt fanden sich Reste von Arbeitsmitteln, z.B. eine Einlegeplatte und Glasurproben sowie Modelbruchstücke für Kacheln, dazu unglasierte Halbfabrikate und Fehlbrände. Offenbar wurden hier sehr unterschiedliche Kacheltypen produziert: neben Frag-

Abb. 27   Blattkachel mit Darstellung des Noah, Schrühbrand aus dem Töpferofen. M. ca. 1:2.

menten von Tapetenkacheln vor allem grün glasierte Blattkacheln mit personifizierten Darstellungen der Tugenden – teils als alttestamentarische Personen wie z.B. Noah oder als Frauengestalten wie die „Gerechtigkeit" – oder Allegorien der fünf Sinne. Solche Kacheln waren in Oberschwaben und im Bodenseeraum sowie in der Schweiz verbreitet. Außerdem stellte der Töpfer schwarz glasierte größere Kacheln her, deren Hauptbildfeld nicht erhalten ist, aber auch Leistenkacheln, Gesimskacheln etc. Schließlich stammen glasierte Schüsseln mit profiliertem Rand und einfacher Bemalung, wie sie auch als Haushaltsabfälle in den Gebäuden J und K gefunden wurden, aus seiner Produktion. Der Ofenschutt enthielt jedoch nicht nur Werkstattabfälle, sondern auch Haushaltsmüll, wie z.B. die schon mehrfach erwähnten Warzenbecher zeigen, die für das frühe und mittlere 17. Jahrhundert charakteristisch sind.

Der Töpferofen wurde demnach im gleichen Zeitraum aufgegeben wie die Häuser H, J, K und L, Haus M selbst aber nur umgebaut und weiterhin genutzt. Vielleicht war die herausgehobene Lage des Gebäudes an der zweitwichtigsten Straße Mengens zu günstig, um es dem Zerfall zu überlassen?

Mit Ausnahme zweier Häuser wurde die spätmittelalterliche bis frühneuzeitliche Bebauung im „Tal Josaphat" also um die Mitte des 17. Jahrhunderts aufgegeben. Obwohl die Häuser K und L höchstwahrscheinlich abbrannten, läßt sich kein Zusammenhang mit dem etwas fraglichen Stadtbrand von 1604 erkennen. Wesentlich wahrscheinlicher ist die Ursache für den temporären Siedlungsabbruch in den Ereignissen des Dreißigjährigen Krieges zu suchen. Mengen wurde in diesem Krieg zwar nicht zerstört, litt aber erheblich unter den Kriegsfolgen, wie Einquartierungen, auferlegten Kontributionen, Hungersnot und Pest. Die Zahl der wählenden Bürger ging aus diesen Gründen von 1616 bis 1640 auf ein Drittel zurück; 1641 bedrohte der Rat die geflohenen Bürger deshalb mit dem Verlust der Bürgerrechte, falls sie nicht umgehend heimkehrten. 1633 wurde Mengen von Konrad wiederholt von der Festung Hohentwiel ausgeplündert, der „Ammann" (=Amtmann) als Geisel weggeführt. 1645 war in Mengen die Not so groß, daß die Kirchenpflege die Levitenröcke verkaufen mußte, um die Pfarrkirche zu reparieren.

Für den archäologisch nachweisbaren zeitweiligen Abbruch der Besiedlung im „Tal Josaphat" kommt demnach der Bevölkerungsrückgang während des Dreißigjährigen Krieges durchaus als auslösender Faktor in Betracht. Man kann sich unschwer vorstellen, daß das verödete Areal möglicherweise damals auch seinen Unheil verheißenden Namen erhielt.

Der Niedergang eines Stadtquartiers

Die Stadt Mengen muß sich von den Folgen des Dreißigjährigen Krieges verhältnismäßig rasch erholt haben: bereits 1680 brachte sie die notwendigen Mittel auf, um sich mit den anderen Donaustädten nun endlich – nach dreihundert Jahren – aus der Pfandschaft der Truchsessen von Waldburg auszulösen.

Im „Tal Josaphat" wurde das mittelalterliche und frühneuzeitliche Straßennetz auch nach dem Dreißigjährigen Krieg beibehalten, die Gassen jedoch in der Folgezeit neu gepflastert. Die wenigen erhaltenen Häuser baute man um; die Neubebauung der übrigen Parzellen mit den wüst gefallenen Gebäuden läßt sich teilweise am archäologischen Befund ablesen und mit Hilfe des Brandkatasters von 1819 ergänzen. Die Numerierung der Häuser bzw. Grundstücke im Brandkataster, das auch die Eigentümer nennt, wurde deshalb für die neuzeitlichen Gebäude übernommen.

Abb. 28 Der Keller von Haus Nr. 20, Nebengebäude 1 mit Brunnen 10.

Im Süden außerhalb des Grabungsareals standen an der Hauptgasse die Gebäude Nr. 19 und 20, die seit 1796 im Besitz des Kaufmanns und Stadtrates Jakob Hosp waren. Nr. 20, das mindestens seit Mitte des 17. Jahrhunderts bestehende „Gasthaus zum (goldenen) Hirsch", verkaufte er 1819 um 6500 Gulden an seinen Schwiegersohn Johann Evangelist Rebmann. Zu diesen Häusern gehörten einige Nebengebäude im „Tal Josaphat": Das spätmittelalterliche Haus I, das im späten 17. oder 18. Jahrhundert umgebaut und dabei größtenteils unterkellert worden war und Brunnen 10 als neuen Hausbrunnen erhalten hatte, dürfte mit dem 1795 genannten „neuen Bräuhaus" identisch sein. Von den Nebengebäuden nördlich der „Nebengasse Süd" und östlich der „Quergasse" konnten – abgesehen von einer massiven Umfassungsmauer – nur geringe Reste archäologisch nachgewiesen werden; laut Brandkataster waren sie in der Länge der gesamten Südseite mit Dunglegen versehen und sind wohl als Ställe und Scheunen zu interpretieren.

Auch von Haus Nr. 23, das gleichfalls an der Hauptgasse stand und im frühen 19. Jahrhundert dem Kaufmann Lorenz Knoll gehörte, reichte allein die hinter dem Hauptgebäude an der „Nebengasse Süd" gelegene „Scheuer" in das Grabungsareal hinein. Aufgrund von modernen Störungen konnten von diesem Wirtschaftsgebäude nur Reste eines Zwischenfundamentes, ein Stampflehmfußboden und der mit Brandschutt durchsetzte Abbruchhorizont nachgewiesen werden.

Haus 23 war auf seiner Westseite durch ein Traufgäßchen von Haus Nr. 24, dem „Bärenwirtshaus", getrennt. Dieses größte und bedeutendste Wirtshaus der Stadt und die dazugehörigen Stallungen befanden sich wiederum außerhalb des untersuchten

Areals; gerade noch randlich erfaßt wurde seine „Scheuer", die an die „Nebengasse Süd" angrenzte. Der Nordwestteil des Gebäudes war unterkellert – ein Indiz dafür, daß es ursprünglich wohl als Wohngebäude und erst später als Scheune genutzt wurde. Wie bei den spätmittelalterlichen und frühneuzeitlichen Häusern muß auch dieser „Keller", dessen Bauzeit nicht ermittelt werden konnte, zumindest in halber Höhe in das Erdgeschoß hineingeragt haben. Da er nicht mit Brandschutt verfüllt war, dürfte er schon vor dem Stadtbrand 1819 aufgegeben worden sein; das Fundmaterial aus der Verfüllung, darunter ein Teller aus Steingut, beweist aber, daß er mindestens bis um 1800 offen stand. Die Reste eines verbrannten und von Brandschutt bedeckten Holzfußbodens im Erdgeschoß deuten dagegen darauf hin, daß das Gebäude selbst beim Stadtbrand zerstört wurde.

Nr. 27 des Brandkatasters umfaßte die Parzelle des spätmittelalterlichen Hauses D bzw. des frühneuzeitlichen Hauses J. Sie gehörte dem Nagelschmied Josef Späth, dem Miteigentümer des Hauses Nr. 28, einem Eckhaus an der „Mittleren Gasse" und der „Nebengasse Süd" westlich des Grabungsareals. Die nun unbebaute Südhälfte des Grundstücks wurde als Garten genutzt und die Norddhälfte von einer Scheune eingenommen – weder Garten noch Gebäude ließen sich archäologisch nachweisen. Vielleicht wurden die Fundamente des Hauses J teilweise für die Scheune wiederverwendet?

Innerhalb der Scheune muß sich Grube 27 befunden haben, die in die spätmittelalterliche Grube 22 eingetieft und modern gestört war. Die Grubenverfüllung enthielt mehrere Metallgegenstände, darunter einen eisernen Wetzstahl mit plastisch verziertem Messinggriff und einen gravierten Stiel von einem Eßbesteck aus Zinn. Beide

Abb. 29 Wetzstahl mit plastisch verziertem Griff, 18. Jh. M. ca. 1:2.

Objekte sind von eher ungewöhnlicher Ausführung, zeigen jedoch Ähnlichkeit zu Gegenständen aus der 1. Hälfte des 18. Jahrhunderts. Vielleicht wurde die Grube angelegt, um darin relativ wertvolles Eigentum zu verstecken, eventuell in Zusammenhang mit Truppendurchmärschen und Einquartierungen während des Spanischen Erbfolgekrieges (1701–1714) oder während des Österreichischen Erbfolgekrieges (1741–1748) – doch warum wurden dann die versteckten Güter nicht mehr von ihrem Besitzer geborgen?

Das Anfang des 19. Jahrhunderts in Längsrichtung aufgeteilte Haus Nr. 30/31 stand westlich des Grabungsareals zwischen den

Abb. 30 Die Lohgrube der Gerberei in Haus Nr. 30/31, um 1800.

Wasser, Kalkmilch und Asche, eingelegt wurden, um die restlichen Haare zu entfernen. Möglicherweise waren die Pfosten aber auch nur die Reste eines Trockengestells, auf dem die gegerbten Häute vor dem Zurichten getrocknet wurden.

Die Gerberlohe enthielt auch etwas Keramik, die trotz der Datierungsunsicherheiten bei neuzeitlicher Keramik darauf hindeutet, daß die Gerberei wohl etwa um 1800 in Betrieb war. Passend zu diesem Datierungsvorschlag gehörte das Haus 1795 dem Rotgerber Martin Beller, zusammen mit dem Sattler Mattheis Lohrer und der Witwe des Hans Jakob Keßler; 1819 waren Martin Bellers Kinder noch Miteigentümer.

Zwar verwundert zunächst die Lage des wasserabhängigen und geruchsintensiven

„Nebengassen Nord" und „Süd", mit dem Giebel zur „Mittleren Gasse". In den untersuchten Bereich hinein reichten nur die kleinen Gärten, die archäologisch nicht nachweisbar waren. Im nördlichen Garten wurde aber ein kleines, ca. 3 m breites Nebengebäude mit einem Mörtelestrich angeschnitten, in dem sich zwei mit gelbem Lehm abgedichtete Gerbergruben befanden. Die runde Gerbergrube, die mit einem Ring aus Birkenhalbstämmen eingefaßt war und einen Durchmesser von 1,85 m aufwies, enthielt noch Reste der Gerberlohe mit Fichtennadeln und Rindenstückchen. Es handelte sich dabei also um eine Lohgrube, in der die enthaarten Häute mit Tannin loh- oder rotgerbt wurden. Auf der Ostseite schloß sich daran ein mit kleinen Holzpfosten eingefaßtes Rechteck von 2 m auf 2,5 m Seitenlänge an; diese Pfosten könnten mit Flechtwerk verbunden gewesen sein und zu einer zweiten Gerbergrube gehört haben. Vielleicht handelte es sich dabei um die Äschergrube, in der die Häute vor dem eigentlichen Gerbvorgang in basische Substanzen, beispielsweise in ein Gemisch aus

Abb. 31 Der Gerber, Darstellung im Hausbuch der Mendelschen Zwölfbrüderstiftung (15./16. Jh.).

Handwerksbetriebes in der Stadtmitte, in der Nähe des Marktplatzes und in relativ großer Entfernung zur Ablach, doch scheint dies in Mengen im frühen 19. Jahrhundert kein Einzelfall gewesen zu sein: auch Haus Nr. 34 innerhalb und weitere nahegelegene Häuser außerhalb des Grabungsareals waren im Besitz von Weiß- bzw. Rotgerbern.

Haus Nr. 32 stand an Stelle des frühneuzeitlichen Hauses K und des spätmittelalterlichen Hauses E an der Einmündung der „Quergasse" in die „Nebengasse Süd". Das westliche Drittel der Parzelle war nun unbebaut und wurde als Garten benutzt. Das Fundament der neuen Westwand wurde teilweise nachgewiesen, während für die Süd- und Ostwand wohl die Fundamente der Vorgängerbauten beibehalten werden konnten. Die langovale Grube 28 lag innerhalb des Gebäudes und enthielt Brandschutt, u. a. verbrannte Keramik, die derjenigen aus der Gerbergrube ähnelt. Vergleichbar ist auch Keramik der Zeit um bzw. kurz nach 1800 von anderen Fundorten. Die Grube könnte also während oder unmittelbar nach dem Stadtbrand 1819 zugefüllt worden sein – allerdings war das Haus, das dem Wagner Jakob Hübschle gehörte, schon bei einem Brand 1811 beschädigt worden: vorher hatte das Haus „samt Scheuer unter einem Dach" vier Stockwerke, später nur noch drei. Es läßt sich nicht ausschließen, daß die Verfüllung der Grube bereits in Zusammenhang mit dem früheren Brand erfolgte.

Unmittelbar nördlich von Haus 32 standen in dem stark modern gestörten Bereich an der „Nebengasse Nord" und teilweise bereits wieder außerhalb der Grabungsfläche die Häuschen Nr. 33 und 34. Das östliche Haus 33 mit einer Grundfläche von nur ca. 6 m auf 5 m wurde archäologisch nicht nachgewiesen. Es gehörte 1808 dem Taglöhner Bernhard Haile, 1819 dem Taglöhner Josef Kempter. Das westlich gelegene Haus 34 war wohl wenig größer, an seine Westwand grenzte eine verhältnismäßig überproportionierte Dunglege an. Von diesem Gebäude konnten Fundamentreste archäologisch nachgewiesen werden, welche unter einer Brandschuttschicht lagen, die sicherlich vom Stadtbrand 1819 herrührte. Das Häuschen gehörte schon 1808 und noch 1819 dem Weißgerber Matheus Klotz. Wie Haus Nr. 32 waren auch diese beiden Gebäude bereits 1808 bei einem Brand beschädigt worden und wiesen danach nur noch zwei statt der ursprünglichen drei Stockwerke auf.

Haus Nr. 35 im Nordwesten des Grabungsareals ist identisch mit dem frühneuzeitlichen Haus M an der Einmündung der „Nebengasse Nord" in die Mittlere Gasse. Nach dem Abbruch des Töpferofens um die Mitte des 17. Jahrhunderts waren hier neue Zwischenwände eingezogen, der Kamin verkleinert und ein Stampflehmfußboden aufgebracht worden. Dieser Fußboden, das Fundament der Südwand und das jüngste Straßenpflaster der „Nebengasse Nord" wurden von einer Brandschuttschicht bedeckt, die wieder dem Stadtbrand von 1819 zuzuordnen sein dürfte. Haus Nr. 35, ein „dreistockiges Haus samt Scheuer unter einem Dach mit einer Feuerwerkstatt", gehörte 1819 jeweils zur Hälfte dem Glaser Michael Bachmann, der seinen Anteil 1808 von Zacharias Späth übernommen hatte, und dem Schlosser Michael Bolter. Offenbar war mit dem Haus die „Feuergerechtigkeit" verbunden und die „Feuerwerkstatt" des Schlossers stand juristisch in der Nachfolge des Töpferofens. Die Lage solcher feuergefährlichen Werkstätten in der Stadtmitte – und nicht wie allgemein üblich am Stadtrand – erscheint doch bemerkenswert.

Abb. 32   Das „Tal Josaphat", August 1989: Beginn des Baus der Tiefgarage. Im Hintergrund das Grabungszelt.

Abschließend sei erwähnt, daß an der Nordecke des Grabungsareals noch das Fundament der Südwand und der Stampflehmfußboden von Haus Nr. 42 angeschnitten wurden, überlagert von einer mächtigen Brandschuttschicht, die bei Planierungsarbeiten nach dem Stadtbrand von 1819 entstanden sein dürfte. Von den Wirtschaftsgebäuden zu Haus Nr. 19 war Haus Nr. 42, das nach dem Brand 1811 nur drei statt vier Stockwerke aufwies und dessen Südteil 1819 dem Schreiner Johann Georg Wilhelm gehörte, durch ein schmales Gäßchen getrennt.

Wie man sieht, lassen sich die archäologischen Befunde zur neuzeitlichen Bebauung im „Tal Josaphat" problemlos mit dem Plan zum Brandkataster von 1819 in Einklang bringen, sofern man Ungenauigkeiten bei der damaligen Vermessung berücksichtigt.

Deutlich wird auch, daß das Stadtquartier im „Tal Josaphat" nach dem Wiederaufbau in der Zeit nach dem Dreißigjährigen Krieg seine frühere Bedeutung als bürgerliches Wohn- und Arbeitsgebiet nicht wiedergewann: standen hier vorher Bürgerhäuser, so wurden diese nun überwiegend durch schlecht gebaute Taglöhnerhäuschen und Wirtschaftsgebäude, z. T. mit Dunglegen, ersetzt, die zu Häusern an der Hauptgasse und an der Mittleren Gasse gehörten. Feuergefährliche und übelriechende Handwerksbetriebe trugen sicher nicht zur Wohnqualität in diesem Teil der Stadt bei.

Von der Neustrukturierung nach dem Stadtbrand 1819 bis zur archäologischen Ausgrabung 1988

Den Wiederaufbau nach dem Stadtbrand nutzte man dazu, städtebauliche Schandflecken wie das „Tal Josaphat" aus dem Stadtbild zu tilgen. Die Hauptgasse wurde verbreitert, die angrenzende Bebauung zurückverlegt und parallel zur Hauptgasse die Neue Gasse gebaut. Das verkleinerte „Tal Josaphat" rahmte nun eine zeitgemäßere Blockrandbebauung ein, deren Innenbereich weiterhin gewerblich genutzt wurde und im Verlauf des 19. Jahrhunderts von weiteren Bränden betroffen war.

Die wirtschaftliche Nutzung des nunmehrigen Hinterhofbereiches fand mit dem Bau der Tiefgarage ab 1988 letztlich ihre konsequente Fortsetzung. Anders als bei den früheren Baumaßnahmen wurde jedoch die archäologische Substanz dadurch vollständig zerstört. Immerhin ergab sich durch die systematische Ausgrabung dieser verhältnismäßig großen Fläche eine für Mengen einmalige Chance, zusätzlich zu den sehr spärlichen Schriftquellen nun archäologische Quellen zur Stadtentwicklung und Stadtgeschichte zu gewinnen. Wie die Schriftquellen sind auch die archäologischen Quellen lückenhaft und können nur einen Ausschnitt der Wirklichkeit beleuchten; aber im Gegensatz zu den nicht selten subjektiven schriftlichen Nachrichten – man denke nur an das eingangs zitierte Spottgedicht des Freiburger Studenten Werner alias Pfarrer zum Tobel! – sind archäologische Relikte objektiv und können allenfalls subjektiv interpretiert werden.

Wie passen nun also die Ergebnisse der archäologischen Ausgrabungen im „Tal Josaphat" zu dem Bild, das wir uns vorher aufgrund der historischen Überlieferung von Mengen und seiner Geschichte gemacht hatten?

Völlig überraschend kamen Spuren jungsteinzeitlicher und urnenfelderzeitlicher Besiedlung zutage; zu diesen vorgeschichtlichen Perioden schweigt die historische Überlieferung, die Archäologie bleibt die einzige Erkenntnisquelle. Dies gilt – mit Einschränkungen – auch für die Römerzeit, doch waren die spärlichen römischen Funde aufgrund einer schon bekannten Fundstelle in Mengen fast zu erwarten.

Erst seit dem frühen Mittelalter kann man von einer kontinuierlichen Besiedlung im Gebiet der späteren Stadt ausgehen. In Übereinstimmung zur Lage in der Nähe des vermuteten Siedlungskerns um die St. Martinskirche konnte im „Tal Josaphat" seit dem 7. Jahrhundert eine vorerst spärliche Bebauung mit Grubenhäusern und sehr wahrscheinlich auch Pfostenbauten nachgewiesen werden. Eine Siedlungsverdichtung, wohl in Folge gestiegener Einwohnerzahlen, zeichnet sich seit der 2. Hälfte des 11. Jahrhunderts ab: der Hoftag 1170 wurde in einer aufblühenden Ortschaft abgehalten.

Auch der Prozeß der Stadtwerdung im 13. Jahrhundert fand seinen Niederschlag in den archäologischen Befunden im „Tal Josaphat": ein neues Straßensystem wurde angelegt und bis zum Stadtbrand 1819 beibehalten. Zu Beginn des Spätmittelalters dürfte hier für einige Zeit sogar mindestens ein Steinbau gestanden haben – wenigstens ein Haus im Grabungsareal war eben doch aus Stein!

Für die nachfolgenden spätmittelalterlichen und neuzeitlichen Bauphasen läßt sich jedoch tatsächlich kein Steinbau mehr nachweisen, vielmehr standen hier Fachwerkhäuser, wie sie in Südwestdeutschland seit dem 14. Jahrhundert auch üblich waren. Die Größe der Häuser, ihre Ausstattung mit Kachelöfen und verglasten Fenstern und die dazugehörigen Haushaltsgegenstände vermitteln jedoch keinesfalls einen ärmlichen Eindruck.

Umso deutlicher faßbar wird der Niedergang im Verlauf des Dreißigjährigen Krieges; anschließend befanden sich im „Tal Josaphat" überwiegend Wirtschaftsgebäude zu den Häusern an der Hauptgasse und der Mittleren Gasse und einige Taglöhnerhäuschen, dazwischen rauchende und stinkende Handwerksbetriebe – kein Wunder, daß das Stadtquartier seinen abschätzig gemeinten Namen erhielt! Auch wenn die polemisierenden Schilderungen im Spottgedicht sicher übertrieben waren, im „Tal Josaphat" mögen im späten 17. und 18. Jahrhundert tatsächlich üble Zustände geherrscht haben. Doch solche heruntergekommenen Stadtviertel wird es damals (wie heute noch?) überall gegeben haben. Jedenfalls wurde die Brandkatastrophe des Jahres 1819 in Mengen offenbar zielstrebig für einen Neubeginn genutzt.

Literaturhinweise

D. Ade-Rademacher/R. Rademacher, Der Veitsberg bei Ravensburg. Forsch. u. Ber. Arch. Mittelalter 16 (Stuttgart 1993).

D. Ade-Rademacher/S. Mück, „Mach Krueg, Haeffen, Kachel und Scherben" – Funde aus einer Ravensburger Hafnerwerkstatt vom 16. bis 19. Jahrhundert. Arch. Inf. Baden-Württemberg 38 (Stuttgart 1989).

Archäologisches Landesmuseum Baden-Württemberg (Hrsg.), Die Alamannen (Stuttgart 1997).

E. Baumgartner/I. Krueger, Phönix aus Sand und Asche. Glas des Mittelalters (Bonn/Basel 1988).

Beschreibung des Oberamts Saulgau (Stuttgart/Tübingen 1829).

D. Bicheler, Mengen in Krieg und Frieden (Mengen 1957).

W. Bleicher, Das alte Mengen (Horb 1988).

R. Dehn, Die Urnenfelderkultur in Nordwürttemberg. Forsch. u. Ber. Vor- u. Frühgesch. Baden-Württemberg 1 (Stuttgart 1972).

H. Dragendorff, Terra Sigillata. Ein Beitrag zur Geschichte der griechischen und römischen Keramik. Bonner Jahrbücher 96/97, 1895, 18–155.

R. Franz, Der Kachelofen. Forsch. u. Ber. Kunsthist. Institut Universität Graz 1 (Graz 1969).

U. Gross, Mittelalterliche Keramik zwischen Neckarmündung und Schwäbischer Alb. Forsch. u. Ber. Arch. Mittelalter 12 (Stuttgart 1991).

U. Gross, Schwäbisch-Gmünd-Brandstatt: Keramikfunde aus einer Kellerverfüllung der Zeit um 1800. Fundber. Baden-Württemberg 23, 1999, 667–720.

A. Hejna, Das „Schlößle" zu Hummertsried, ein Burgstall des 13. bis 17. Jahrhunderts. Forsch. u. Ber. Arch. Mittelalter 2 (Stuttgart 1974).

H. Henkes, Glas zonder glans. Rotterdam Papers 9 (Rotterdam 1994).

W. Hübener, Absatzgebiete frühgeschichtlicher Töpfereien nördlich der Alpen. Antiquitas 3/6 (Bonn 1969).

M. Junkes, Die spätmittelalterliche Geschirrkeramik der Grabung Konstanz/Fischmarkt (ungedruckte Diss. Kiel 1991).

C.-J. Kind, Ulm-Eggingen. Die Ausgrabungen 1982–1985 in der bandkeramischen Siedlung und der mittelalterlichen Wüstung. Forsch. u. Ber. Vor- u. Frühgesch. Baden-Württemberg 34 (Stuttgart, Aalen 1989).

U. Klein, Fundmünzen aus Württemberg. Arch. Ausgr. Baden-Württemberg 1989 (1990), 352–361.

B. Kulessa, Latrinenfunde des späten Mittelalters und der frühen Neuzeit vom Grundstück Marktplatz 7 in Biberach (ungedruckte Magisterarbeit, Tübingen 1995).

Landesdenkmalamt Baden-Württemberg (Hrsg.), Archäologie im Umland der Heuneburg. Arch. Informationen Baden-Württemberg 40 (Stuttgart 1999).

Landesdenkmalamt Baden-Württemberg/Stadtarchiv Rottweil (Hrsg.), „von anfang biss zu unsern zeiten" – Das mittelalterliche Rottweil im Spiegel archäologischer Quellen. Arch. Inf. Baden-Württemberg 38 (Stuttgart 1998).

Landesdenkmalamt Baden-Württemberg/Stadt Zürich (Hrsg.), Stadtluft, Hirsebrei und Bettelmönch – Die Stadt um 1300 (Zürich/Stuttgart 1993).

U. Lobbedey, Untersuchungen mittelalterlicher Keramik, vornehmlich aus Südwestdeutschland. Arbeiten zur Frühmittelalterforsch. 3 (Berlin 1968).

S. Mück, Frühneuzeitliche Ofenkachelmodel aus der Hafnerwerkstatt des Andreas Mauselin aus Ravensburg (ungedruckte Magisterarbeit, Tübingen 1990).

H. Ossenberg, Das Bürgerhaus in Oberschwaben. Das Deutsche Bürgerhaus 28 (Tübingen 1979).

R. Röber, Spätmittelalterliche und frühneuzeitliche Ofenkacheln aus dem Kreis und der Stadt Konstanz. Fundber. Baden-Württemberg 22/1, 1998, 803–851.

B. Schmid, Archäologische Untersuchungen im Stadtgebiet von Mengen, Kreis Sigmaringen. Arch. Ausgr. Baden-Württemberg 1988 (1989) 298–301.

B. Schmid, Stadtarchäologische Untersuchungen in Mengen, Kreis Sigmaringen. Arch. Ausgr. Baden-Württemberg 1989 (1990) 344–347.

E. Schmidt, Die bauliche Entwicklung vom Grubenhaus zum unterkellerten Wohngebäude in der Wüstung Sülchen auf der Gemarkung Rottenburg, Kreis Tübingen. Arch. Ausgr. Baden-Württemberg 1985 (1986) 201–203.

E. Schmidt, Ergebnisse einer Sondierungsgrabung im „Tal Josaphat" in Mengen, Kreis Sigmaringen. Arch. Ausgr. Baden-Württemberg 1987 (1988) 269–272.

E. Schmidt/B. Scholkmann, Die Nikolauskapelle auf dem Grünen Hof in Ulm. Ergebnisse einer archäologischen Untersuchung. Forsch. u. Ber. Arch. Mittelalter 7 (Stuttgart 1981) 303–370.

B. Scholkmann, Sindelfingen/Obere Vorstadt. Eine Siedlung des hohen und späten Mittelalters. Forsch. u. Ber. Arch. Mittelalter 3 (Stuttgart 1978).

R. Schreg, Keramik aus Südwestdeutschland (Tübingen 1998).

K. Strauss, Die Kachelkunst des 15. und 16. Jahrhunderts in Deutschland, Österreich und der Schweiz (Straßburg 1966).

J. Tauber, Herd und Ofen im Mittelalter. Schweizer Beitr. Kulturgesch. u. Arch. Mittelalter 7 (Olten, Freiburg 1980).

Abbildungsnachweis

Umschlagbild: Stadtverwaltung Mengen.

1: Stadtverwaltung Mengen.

2: Stadtverwaltung Mengen, Bearbeitung B. Schmid.

3: Stadverwaltung Mengen, Bearbeitung B. Schmid.

5–7, 8 A, 9, 10 A, 13, 19, 22, 25: Zeichnung D. Tonn, Karlsruhe.

8 B: H. Zimmermann, Archäologische Befunde frühmittelalterlicher Webhäuser. Jahrbuch der Männer vom Morgenstern 61, 1982, 115.

10 B, 12, 18, 24, 28, 30: Landesdenkmalamt Baden-Württemberg, Archäologie des Mittelalters, Außenstelle Tübingen.

11 B: W. Sage, Die fränkische Siedlung bei Gladbach, Kreis Neuwied. Rheinisches Landesmuseum Bonn, Kleine Museumshefte 7, 1969, Abb. 7.

14: Zeichnung D. Tonn, Bearbeitung B. Schmid.

15: U. Klein, Württembergisches Landesmuseum Stuttgart.

16, 20, 21, 23, 26, 27, 29 u. Umschlagrückseite: K. Rose für das Landesdenkmalamt Baden-Württemberg, Archäologie des Mittelalters, Außenstelle Tübingen.

17: H. Ossenberg, Das Bürgerhaus in Oberschwaben. Das Deutsche Bürgerhaus 23 (Tübingen 1979) 16.

31: W. Treue u. a. (Hrsg.), Hausbuch der Medelschen Zwölfbrüderstiftung zu Nürnberg. Deutsche Handwerkerbilder des 15. und 16. Jahrhunderts (München 1965).